拉伸运动
解剖学

第3版
中文第2版

[美] 阿诺德·G.纳尔逊（Arnold G.Nelson） 著
约科·科科宁（Jouko Kokkonen）

杨斌 译

U0127855

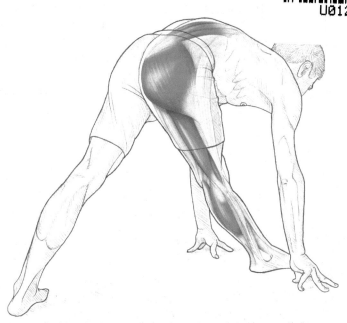

人民邮电出版社
北京

图书在版编目（CIP）数据

拉伸运动解剖学：第3版 /（美）阿诺德·G. 纳尔逊（Arnold G. Nelson），（美）约科·科科宁（Jouko Kokkonen）著；杨斌译. -- 2版. -- 北京：人民邮电出版社，2023.4（2024.1重印）
ISBN 978-7-115-60888-8

Ⅰ. ①拉⋯ Ⅱ. ①阿⋯ ②约⋯ ③杨⋯ Ⅲ. ①运动训练 Ⅳ. ①G808.1

中国国家版本馆CIP数据核字(2023)第014572号

免责声明

本书内容旨在为大众提供有用的信息。所有材料（包括文本、图形和图像）仅供参考，不能用于对特定疾病或症状的医疗诊断、建议或治疗。所有读者在针对任何一般性或特定的健康问题开始某项锻炼之前，均应向专业的医疗保健机构或医生进行咨询。作者和出版商都已尽可能确保本书技术上的准确性以及合理性，且并不特别推崇任何治疗方法、方案、建议或本书中的其他信息，并特别声明，不会承担由于使用本出版物中的材料而遭受的任何损伤所直接或间接产生的与个人或团体相关的一切责任、损失或风险。

◆ 著　　[美] 阿诺德·G. 纳尔逊（Arnold G. Nelson）
　　　　[美] 约科·科科宁（Jouko Kokkonen）
　　译　　杨　斌
　　责任编辑　刘日红
　　责任印制　彭志环
◆ 人民邮电出版社出版发行　　北京市丰台区成寿寺路 11 号
　　邮编　100164　　电子邮件　315@ptpress.com.cn
　　网址　https://www.ptpress.com.cn
　　北京虎彩文化传播有限公司印刷
◆ 开本：700×1000　1/16
　　印张：16.5　　　　　　　　　　　2023 年 4 月第 2 版
　　字数：269 千字　　　　　　　　　2024 年 1 月北京第 2 次印刷
　　著作权合同登记号　图字：01-2020-5558 号
定价：69.80 元
读者服务热线：(010)81055296　印装质量热线：(010)81055316
反盗版热线：(010)81055315
广告经营许可证：京东市监广登字 20170147 号

内容提要

　　本书由美国运动医学会会员和运动科学教授联合创作。本书是一本全面而系统的拉伸训练图书，不仅讲解了覆盖身体主要部位的拉伸动作，辅以专业的彩色人体解剖图，还详解了拉伸的步骤、目标肌肉、拉伸说明和变化动作，深刻阐述了拉伸运动的解剖学常识。本书针对不同身体素质、不同运动水平、不同锻炼目标制订了拉伸训练计划，以帮助读者根据自己的情况合理安排锻炼内容。本书适合从入门到资深的健身爱好者、健身教练阅读。

目录

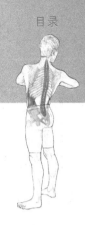

前言

虽然经常锻炼对身体的好处是众所周知的，但大家经常会忽略灵活的关节和定期的拉伸对于保持身体健康和活力也同样重要。

为什么要拉伸？

良好的柔韧性会给肌肉和关节带来好处。它可以帮助人们预防损伤，最大限度地减少肌肉疼痛，同时提高身体活动的效率。对于超过4天没有参加运动的人来说尤其如此，无论是休闲性质的高尔夫球运动还是更高强度的周末篮球比赛都是如此。提高柔韧性还可以改善生活质量和功能独立性。在每天的生活中长时间不活动（例如一直坐在办公室）的人，可能感觉关节逐渐僵化，以至于很难从这种长期保持不动的姿势中恢复过来。良好的柔韧性可以保持肌肉的弹性，提供更大的关节活动范围，从而预防这种情况的出现。良好的柔韧性还可以使身体运动和日常活动变得更顺畅和更轻松，例如让你更轻松地完成弯腰和系鞋带等简单的日常活动。

拉伸除了对相对健康的人有多种好处外，还能减轻疼痛，改善患有关节炎等慢性疾病的人的活动能力。为了减轻疼痛，患关节炎的人常常不会选择使用患病的关节活动。减少患病关节的活动虽然可以暂时减轻疼痛感，但却会导致肌肉和韧带变僵。这种缺乏运动的情况还可能引起肌肉萎缩，导致日常活动受限和永久性的活动能力丧失。此外，运动的次数少意味着燃烧的热量也少，也就是说体重会增加，沉重的身体会给关节带来更大的负担。因此，健康专家建议：关节炎患者每天都要拉伸所有主要肌群，对活动范围已经变小的关节给予适当的重视。

拉伸可以预防和减轻肌肉痉挛，尤其是发生在夜间的腿痉挛。夜间腿痉挛有各种原因：运动太多，肌肉使用过度，长时间站在硬地板上，平足，长时间坐着，睡觉时腿的位置不对，缺钾、钙或其他矿物质，脱水，使用了抗精神病药、避孕药、利尿剂、他汀类药物和类固醇等药物，患有糖尿病或甲状腺疾病。

无论是什么原因，拥有柔韧的肌肉会让发生痉挛的可能性变小，而且拉伸有助于立刻减轻痉挛。

有趣的是，目前的研究表明，患有 2 型糖尿病或患病风险很高的人做 30～40 分钟的拉伸运动有助于保持血糖稳定。因此，每天拉伸的好处是显而易见的。

目前的研究表明，当拉伸运动被纳入每日或隔日计划时，在自然衰老过程中遇到的许多问题都可以得到缓解。本书的作者在科学期刊上发表的几项研究表明，拉伸运动不仅能提高柔韧性，而且还能增加力量和力量耐力。他们还表明，在力量训练之后的拉伸运动是有益的。此外，作者们还发现，拉伸运动可以提高人保持平衡的能力。对于行动不便的人来说，拉伸运动是一种可行的运动方式，因为有研究表明，拉伸运动可以将心率和新陈代谢率提高到与悠闲散步相似的水平。2011 年，《物理治疗杂志》（*Journal of Physiotherapy*）发表了一项由阿诺德·G. 纳尔逊（Arnold G. Nelson）、约科·科科宁（Jouko Kokkonen）和阿诺尔（Arnall）共同完成的研究。研究表明，被动静态拉伸运动可以在 20 分钟后使血糖平均降低 18%，在 40 分钟后降低 26%。因此让拉伸成为日常习惯对我们的身体有好处，这是显而易见的。

这一版本有什么创新？

第 3 版《拉伸运动解剖学》（中文第 2 版）（*Stretching Anatomy*）中新增了 10 个拉伸动作，为增强柔韧性提供了更多的选择。其中 4 个新的足部和脚踝的拉伸动作可以帮助缓解足部问题，尤其是长时间坐着的时候。为了帮助解决肩部问题，本书还增加了 3 个静态拉伸和 1 个动态拉伸动作。关于特定活动拉伸的内容被分为两章。第 10 章包含了提高柔韧性和灵活性的拉伸项目，可以提高日常生活中活动的效率，也适合整天坐着或站着的人使用。第 11 章是新的针对特定体育运动的一章，为特定运动的提高以及运动员柔韧性的保持，提供了运动前拉伸和训练后拉伸的建议。

如何使用本书？

第 2 章到第 9 章重点介绍了身体主要关节区域的拉伸，从足部和小腿一直到颈部。每一章包含多种拉伸，它们针对的是移动身体大部分的关节时所牵连的肌肉。每个拉伸动作的名称表示被拉伸肌肉的主要运动。

此外，许多关节动作都列出了多个拉伸动作，并按照从易到难的顺序进行描述。因此，可能涉及最僵硬的肌肉的拉伸运动是循序渐进地呈现的。刚开始做拉伸运动的人往往柔韧性不那么好，应该从最简单的拉伸开始。当参与者确信柔韧性大幅提高时，可以选择进阶到难度更高的阶段。这样可以防止初学者或肌肉紧绷的人尝试拉伸后受伤，因为拉伸会给关节带来很大的压力，从而导致肌肉、韧带和肌腱的损伤。

第 2 章到第 9 章中的拉伸是很好的整体拉伸，但是，并不是所有的拉伸动作都适合每一个人。一般来说，为了有效地拉伸特定的肌肉，拉伸中至少要有一个与所要拉伸肌肉的运动方向相反的动作。但是当肌肉的僵硬程度较高时，应减少同时进行与肌肉运动方向相反的拉伸动作。而当肌肉变得松弛时，应加入更多的与肌肉运动方向相反的动作。另外，建议大家从不同的拉伸角度探索本书中的拉伸动作。通过略微改变身体部位的位置，如手或躯干，肌肉的拉力就会改变。通过这种方法，你可以发现每个特定肌肉紧绷和酸痛的位置。在拉伸时探索不同的角度，也会给你的拉伸计划带来更多的变化。第 2 章到第 9 章中的许多拉伸动作都只针对身体的一侧进行了描述，类似的拉伸动作也要用在身体的另一侧。

第 10 章建议提高身体在日常活动中的灵活性和柔韧性，以及制订降低血糖的计划。第 11 章包括特定体育运动的拉伸项目。项目表将指导你在运动中使用正确的拉伸动作，以确保拉伸到你最重要的目标肌肉群。

书中插图描绘了每一次拉伸所使用的体位以及目标肌肉。拉伸幅度最大的肌肉以深红色表示，附近拉伸幅度较小的肌肉则用浅红色表示（结缔组织用灰色表示，如下图所示）。每个拉伸动作的命名是基于目标肌肉的运动，而不是身体和关节的位置。理想情况下，要拉伸任何肌肉，体位应该与肌肉运动方向相反（如拉伸屈肌时必须伸展关节）。下表给出了肌肉运动和相关术语的定义。

■ 拉伸幅度最大　　■ 拉伸幅度较小　　□ 结缔组织

关键术语

术语	定义
外展	离开身体中线的移动
内收	向身体的中线移动
主动肌	主要运动肌，为所需的运动而工作
拮抗肌	收缩方向与所希望的运动相反的肌肉
前侧	身体的前方
回旋运动	不同动作的组合：屈曲、伸展、外展、内收等
下降	身体一部分向下移动的运动
侧倾	向一侧或另一侧弯曲手腕
远端	离躯干较远的身体部位
背侧	身体的后（背后的）部和足的上方
上提	身体一部分向上移动的运动
外翻	向外转动脚掌
伸展	关节角度的增加
屈曲	关节角度的减小
下侧	比另一个身体部位低的身体部位
内翻	向内转动脚掌
外侧	距离身体中线较远的身体部位
内侧	靠近身体中线的身体部位
跖侧	足底或脚底
后侧	身体的后部
内旋	转动或握住手、脚或四肢，使手掌或脚掌朝下或朝内
俯卧	面部朝下趴着
前伸	身体一部分向前（朝前）移动
近端	靠近躯干的身体部位
后缩	身体一部分向后（朝后）的运动
上侧	比另一个身体部位高的身体部位
外旋	转动或握住手、脚或四肢，使手掌或脚掌朝上或朝外
仰卧	面部朝上躺着

除了插图，每种拉伸还包含3节内容：

- "拉伸步骤"这一节提供了如何执行拉伸的逐步操作说明；
- "目标肌肉"这一节提供了所拉伸肌肉的名称；
- "拉伸说明"这一节具体解释了拉伸的操作方法和原因，以及安全注意事项。

资源与支持

配套服务

扫描右侧二维码添加企业微信：

1. 即刻领取本书延伸资源——《精准拉伸》动作手册。

2. 加入体育爱好者交流群。

3. 不定期获取更多图书、课程、讲座等知识服务产品信息，以及参与直播互动、在线答疑与专业导师直接对话的机会。

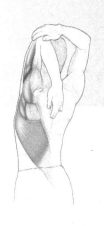

第1章
拉伸基础知识

本章提供的基本背景和基础信息是拉伸练习的核心。虽然你可以在不了解这些因素的情况下增加关节的灵活性，但掌握了拉伸基础知识以后，就可以根据自己的需要，参照本书中的拉伸方案进行个性化的训练。关节的灵活性，也可以称为关节的活动范围，构成了关节的许多部件的功能。拉伸的阻力一般来自两个方面：被动结构僵硬度和强直反射活动。被动结构僵硬度是指肌束、肌腱、韧带、腱膜和关节囊中的顺应性（或抗拉伸阻力）。这些结构的解释可以在相应的章节中找到。神经系统努力维持肌肉张力构成了强直反射活动。强直反射活动既有外周起源（肌梭和高尔基腱器），也有中枢起源（突触前和突触后抑制），或两者结合。关于神经系统参与的解释可以在这一章中找到。

拉伸的解剖生理学

肌肉是复杂的组织，它们由神经、血管、肌腱、筋膜和肌细胞组成。神经细胞（神经元）和肌细胞携带有电荷。静息电荷或静息膜电位带负电，一般为70毫伏左右。神经元和肌细胞通过更改其电荷而被激活。电信号无法在细胞之间传递，因此神经元通过释放名为神经递质的特殊化学物质来与其他神经元和肌细胞交流。神经递质让带正电的钠离子进入细胞，将静息膜电位变为正电。

一旦静息膜电位达到一个阈值电位（一般为 62 毫伏），细胞就会变得兴奋或活跃。已激活的神经元释放其他神经递质来激活其他神经，导致已激活的肌细胞收缩。

除了通过调整膜电位引起细胞兴奋，还可以通过调整膜电位来实现促进或抑制效果。静息膜电位提升到比正常水平稍高，但低于阈值电位时，就会发生促进效果。促进会使后续所释放的神经递质增加，从而更可能导致电位超过阈值。这会增加神经元放电和激活目标的概率。静息膜电位下降到低于正常电位时就会发生抑制，进而降低电位达到阈值的可能性。这通常会阻止神经元激活其目标。

为了发挥作用，肌肉被细分为多个运动单位。运动单位是肌肉的基本功能单位。一个运动单位包含一个运动（肌肉）神经元和它连接的所有肌细胞（最少 4 个，最多超过 200 个）。然后运动单位被细分为单个肌细胞。一个肌细胞有时被称为一条纤维。肌纤维是一束肌原纤维，为棒状结构，这些肌原纤维被一个称为肌质网（SR）的管状网络所包围。肌原纤维由一系列称为肌节的重复性结构组成。肌节是肌肉功能性收缩的基本单位。

肌节的 3 个基本部分是粗肌丝、细肌丝和 Z 线。一个肌节定义为两个相邻 Z 线之间的部分。细肌丝附着在 Z 线的两端，从 Z 线伸出不到肌节总长度的一半。粗肌丝固定在肌节中间。一个粗肌丝的每端包围着 6 个螺旋形排列的细肌丝。在肌肉收缩（向心、离心或等长收缩）期间，粗肌丝控制细肌丝滑过粗肌丝的距离和方向。在向心收缩过程中，细肌丝彼此相对滑动。在离心收缩过程中，粗肌丝试图阻止细肌丝滑离。对于等长收缩，肌丝不会移动。对于所有收缩形式，首先都会从 SR 中释放钙离子，而只有在肌细胞的静息膜电位超过阈值电位时才会释放钙离子。SR 中的钙离子恢复时，肌肉放松和停止收缩。

肌节的最初长度是影响肌肉功能的一个重要因素。每个肌节产生的力量受肌节长度的影响，其形状类似于颠倒的字母 U。因此，当肌节长度较长或较短时，力量会更弱。肌节伸长时，只有粗肌丝和细肌丝的尖端可以彼此接触，这减少了两个肌丝之间可产生力的连接的数量。肌节缩短时，细肌丝开始彼此重叠，这种重叠也会减少产生正向力的连接的数量。

肌节长度由本体感受器所控制，或者由肌肉器官（尤其是四肢肌肉）中包含的专门结构所控制。本体感受器是专门的感应器，它们提供关节角度、肌肉长度和肌肉张力的信息。有关肌肉长度变化的信息由名为肌梭的本体感受器提供，肌梭与肌细胞平行。高尔基腱器（GTO）是另一类本体感受器，它们与肌细胞相连。高尔基腱器提供肌肉张力变化的信息，可以间接地影响肌肉的长度。肌梭有一个快速动力性成分和一个慢速静力性成分，它们提供长度变化量和变化速率。快速的长度变化可引起牵张反射或肌伸张反射，导致被拉伸的肌肉收缩，从而尝试抵抗肌肉长度的变化。较慢的拉伸允许肌梭放松并适应更长的新长度。

肌肉收缩时，它在肌腱和 GTO 中产生张力。GTO 记录张力的变化和变化速率。当此张力超出某个阈值时，它通过脊髓连接来触发抑制反应，以抑制肌肉收缩并使肌肉放松。肌肉收缩也可引起交互抑制，使拮抗肌放松。例如，肱二头肌的剧烈收缩可能引起肱三头肌的放松。

人的身体会以不同的方式适应急性拉伸（或短期拉伸）和慢性拉伸（或在一星期内多次进行的拉伸）。目前的大多数研究都表明，当急性拉伸导致关节活动范围明显增加时，被拉伸者可能会感受到运动神经受到抑制，导致肌节过长或肌腱的长度和顺应性增加。我们无法确定这些变化的程度，但似乎肌肉形状和细胞排列、肌肉长度和对运动的贡献，以及远端和近端肌腱的长度都发挥着作用。尽管如此，这些短暂的变化可表现为最大力量、爆发力和耐力的下降。另外，研究表明，每星期用 3、4 天定期慢性拉伸 10 到 15 分钟，会使最大力量、爆发力和耐力增加，同时柔韧性和灵活性也会得到改善。动物实验表明，这些好处在一定程度上得益于串联的肌节数量的增加。

同样，对拉伸的损伤预防作用的研究也发现，急性拉伸与慢性拉伸之间是有区别的。尽管急性拉伸可帮助肌肉高度紧张的人减少肌肉拉伤的发生率，但大多数人似乎从急性拉伸中获得的预防损伤的效益极小。天生更为柔韧的人更不容易在运动中受伤，每星期慢性拉伸 3 天或 4 天可提高固有的柔韧性。由于急性拉伸与慢性拉伸之间的这些区别，许多运动专家现在鼓励人们在锻炼结束后做大部分的拉伸运动。

拉伸类型

本书所讲的拉伸可通过各种方式来完成。大多数人更喜欢独自做拉伸运动，但也可在其他人的帮助下完成。没有人帮助的拉伸称为主动拉伸，在其他人帮助下完成的拉伸称为被动拉伸。

拉伸运动对不同的人来说有不同的意义，在网上简单搜索一下，你就能发现很多拉伸运动的技巧。尽管不同的网站宣传的拉伸方式各有千秋，但基本的拉伸方式有四种：弹震式拉伸、本体感觉神经肌肉促进拉伸、静态拉伸和动态拉伸。所有其他的拉伸方式都源于这四种。

弹震式拉伸

弹震式拉伸是利用震动而不需要将拉伸动作保持住的一种拉伸方法。弹震式拉伸可以利用身体的重量或每次震动所产生的动量来快速增加活动范围，使肌肉超出正常的活动范围。因为弹震式拉伸可以激活牵张反射，许多人认为弹震式拉伸更有可能造成肌肉或肌腱损伤，特别是对于最紧绷的肌肉而言。然而，这种说法纯属推测，目前还没有已经发表的研究报告支持弹震式拉伸会造成损伤的说法。尽管如此，不建议新手或肌肉非常紧绷的人使用弹震式拉伸，而且其应该只限于准备进行剧烈运动的身体素质较高和拉伸基础知识丰富的运动员使用。

本体感觉神经肌肉促进拉伸

本体感觉神经肌肉促进拉伸是指一种更充分的结合本体感觉器官发挥的作用的技术。它通常是在整个关节的活动范围内或活动范围的极限处，被动拉伸与等距肌肉收缩相结合。在完成整个范围的活动后，肌肉放松并休息，然后再次进行拉伸。在阻力下收缩完全伸展的肌肉，可以放松牵张反射，使肌肉得到更大的拉伸。这种类型的拉伸最好是在别人的帮助下进行。研究一再表明，这种技术能拉伸到最大的活动范围，保持增加的活动范围，并增加肌肉力量，尤其是在日常运动后进行时。大多数研究发现，如果在运动前进行本体感觉神经肌肉促进拉伸会降低最大运动能力。

静态拉伸

静态拉伸是最常用的拉伸技术。对大多数人来说，它是最容易执行的，而且可以被动或主动地进行。在静态拉伸中，你会拉伸到某一块肌肉或某一组肌肉，直至你感觉到张力增加或轻微的不适，然后保持这个姿势 15 到 60 秒。这样可以使肌肉、筋膜、韧带、肌腱逐渐拉长，但会降低神经正常激活肌肉的能力。肌肉和关节的结缔组织的拉长和肌肉筋膜的拉长会导致肌肉张力的丧失，再加上兴奋性的降低，会导致肌肉性能下降。拉伸后肌肉损伤的时间长短取决于拉伸时间的长短。

一些研究人员对所谓的赛前静态拉伸的好处提出了质疑。大量的研究已经证实，赛前静态拉伸会抑制几乎所有的运动表现。例如，赛前静态拉伸会降低最大力量、纵跳成绩、跑步速度和肌肉耐力。此外，目前并没有研究证明赛前静态拉伸和损伤预防之间存在联系。事实上，有几项研究表明，具有高度柔韧性的运动员在赛前进行拉伸比具有中等柔韧性的运动员更容易受伤。一些证据证明，一旦被拉伸，肌肉极度紧绷的人就不太可能经历肌肉拉伤。研究人员推测，出现这种情况是因为静态拉伸降低了肌肉的整体力量。当肌肉强力收缩时，会发生扭伤、拉伤和撕裂，因此减少力量输出会减少受伤的可能性。然而，又有研究数据表明，每周用 3 到 4 天进行有规律的至少 10 分钟的拉伸，可以提高身体的柔韧性、最大力量、爆发力和力量耐力，并能改善灵活性，维持血糖和糖化血红蛋白稳定。因此，静态拉伸在运动后进行最有效。

动态拉伸

动态拉伸是一种更具功能性的拉伸方式，是利用体育运动中的特定动作，通过稍大的活动范围来移动肢体。动态拉伸一般以摆动、跳跃或其他夸张的动作使四肢达到或略微超过正常的活动范围极限。这些动作保持的时间不超过 3 秒。因为拉伸的时间很短，所以肌肉能够在张力或兴奋性不降低的情况下被拉长。动态拉伸还能激活本体感受器的反射反应。本体感受器的适当兴奋加上肌肉张力的维持，使激活肌细胞的神经元能够更快地放电，从而使肌肉更快地进行有力的收缩。

由于传统的赛前静态拉伸可能会影响运动表现，动态拉伸越来越受欢迎。如前所述，肌梭有一个快速动力性成分和一个慢速静力性成分，它们不仅能提供关于肌肉长度变化的信息，还能提供关于肌肉长度变化速率的信息。快速的长度变化可以触发牵张（肌张力）反射，这种反射会试图通过使被拉伸的肌肉收缩来抵抗肌肉长度的变化。缓慢的拉伸可以让肌梭放松并适应新的、较长的长度。因此，动态活动，如跑步、跳跃、踢球等需要快速、有力的动作，都会利用肌梭的动力性感受器来限制肌肉的柔韧性。因此，在准备进行动态活动时，做动态拉伸来减少动力性感受器对柔韧性的限制，这更有利于进行动态活动。

此外，由于动态拉伸增加了肌肉温度、激活了本体感觉，所以有利于提升运动表现。然而，动态拉伸不应该与弹震式拉伸混淆。虽然两者都涉及重复性动作，但如前面所解释的，弹震式拉伸运动是快速的、震动的运动，涉及接近活动范围末端的较小范围的活动。第9章提供了几种动态拉伸动作，可以作为整体拉伸计划的一部分使用，也可以根据需要单独使用。

适合运动员的静态拉伸和动态拉伸

许多运动员在其训练计划中会进行静态拉伸和动态拉伸运动。静态拉伸能改善某些肌肉关节区域的柔韧性。这种拉伸类型是改善柔韧性的常见方法。在静态拉伸中，拉伸一块特定的肌肉或肌群需要保持一定的时间。

一些运动员更喜欢做动态拉伸，尤其是在热身运动或比赛的准备活动中。动态拉伸可刺激本体感受器（牵张感受器），并在一次快速的震动后给予被拉伸的肌肉一个收缩的反馈，激活本体感受器的反应。因为一些体育活动（例如爆发性的短时间运动）可能增强对激活这种本体感受器的刺激，所以动态拉伸能让运动员更好地为爆发性运动做好准备。要完成运动项目中的某个目标，运动员需要进行动态拉伸。例如，如果运动员做两次快速的下蹲，弯曲和伸展髋部和膝关节，他就可能跳得更高和更远。

拉伸计划的好处

定期执行拉伸计划，可以获得多种长期训练的好处（参见第 10 章，了解具体的计划）：

- 改善柔韧性、耐力（肌肉耐力）和肌肉力量（获益程度取决于在肌肉上施加多大压力，第 9 章将介绍如何实现此目标）；
- 减少肌肉疼痛；
- 改善肌肉和关节的灵活性；
- 更高效地提高肌肉运动和动作流畅性；
- 能通过更大的活动范围发挥最大力量；
- 预防一些下背部问题；
- 改善外貌和自我形象；
- 改善体形和体态；
- 在运动中执行更有效的热身和整理练习；
- 改善血糖的维持能力。

第2章
足部和小腿

    小腿和足部的骨骼由小腿中的胫骨和腓骨，以及跗骨、跖骨和趾骨的小型足部骨组成。这些骨形成了许多关节，其中最重要的是踝关节，它位于小腿的胫骨与足部的距骨之间，是一种铰链关节，参与跖屈（脚趾朝下）和背屈（脚趾朝上）等主要关节运动。

    每节跗骨与跖骨之间的关节属于平面关节，它们使足部的活动范围相对其他类型的关节更加有限。与单个平面关节产生的运动相比，多个平面关节在足部一起作用时，可实现更大范围的运动。因此，多关节运动可实现足部外翻（足底向外）和内翻（足底向内）。

    足部运动最自由的关节是髁状关节，位于跖骨与趾骨之间。髁状关节支持脚趾屈曲、伸展、内收、外展和回旋运动。最后，支持脚趾弯曲和伸展的关节是趾骨之间的铰链关节。

    没有小腿和足内的韧带及结缔组织，关节运动和肌肉功能将会大受影响。足部关节通过许多韧带彼此相连。此区域最大的韧带是三角韧带，又名踝内侧副韧带。它由4个部分组成，这4个部分将胫骨与距骨、跟骨和足舟骨相连。三角韧带对面是踝外侧副韧带，它由3个部分组成，这3个部分将腓骨与距骨和跟骨相连。因为三角韧带比踝外侧副韧带强壮得多，而且胫骨比腓骨更长，所以脚踝易发生内翻。

    支持带是小腿中另一种类型的结缔组织，它们对许多肌腱单元加以保护。这种支撑使这些肌肉更结实、更强壮，并能更高效地工作。足背区域的上侧和下侧支持带能帮助所有伸肌肌腱附着在骨头上。

在足跟区域，腓侧支持带固定腓骨长肌和腓骨短肌肌腱。脚踝内侧的屈肌支持带固定趾长屈肌、踇长屈肌和胫骨后肌肌腱（图片见第16页）。

最后值得注意的结缔组织是跖腱膜。跖腱膜是一条宽厚的结缔组织，为足底的足弓提供支撑。它贯穿跟骨结节与跖骨头之间的区域。

移动脚踝和脚趾的肌肉主要位于小腿（图2.1）；这些肌肉拥有与肌肉等长或更长的肌腱。其中最重要的肌腱是跟腱，它由腓肠肌、跖肌和比目鱼肌共享。腓肠肌和比目鱼肌是主要的跖屈肌，在跖肌和胫骨后肌以及两块趾屈肌（趾长屈肌和踇长屈肌）的帮助下发挥作用。位于小腿外侧的是另外3块肌肉——腓骨长肌、腓骨短肌和第三腓骨肌，在足部外翻时会使用它们。此外，腓骨长肌和腓骨短肌负责跖屈脚踝。

胫骨前肌、踇长伸肌和趾长伸肌这3块前侧的小腿肌肉负责背屈脚踝，以及移动足部（包括脚趾）。趾短伸肌、骨间背侧肌和踇短伸肌位于脚背，并延

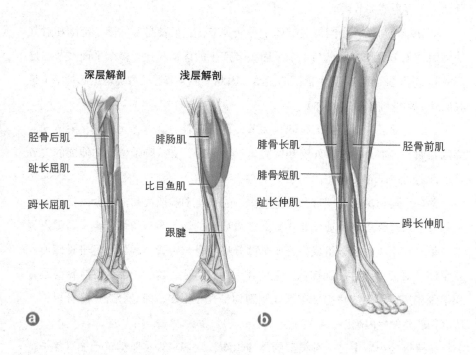

深层解剖　　　浅层解剖

胫骨后肌

趾长屈肌

踇长屈肌

腓肠肌

比目鱼肌

跟腱

腓骨长肌

腓骨短肌

趾长伸肌

胫骨前肌

踇长伸肌

ⓐ　　　ⓑ

图2.1　小腿和足部肌肉：（a）后侧；（b）前侧

伸到脚趾。足底的肌肉（趾短屈肌、跖方肌、跗短屈肌、小趾短屈肌、跗展肌、小趾展肌、骨间足底肌和蚓状肌）用于屈曲和伸展脚趾。

　　脚踝和脚趾的活动范围受主动肌的力量、拮抗肌的柔韧性、韧带的紧绷程度和骨头接触或撞击的限制。最明显的限制因素之一是跖腱膜。紧绷的跖腱膜会限制脚趾伸展，在腱膜发炎时，还会限制跖屈。跖屈和背屈的活动范围还可能受限于形成的骨刺。过大的压力可能刺激距骨前、后唇及胫骨上端颈背侧的骨细胞形成骨刺。这些突起的骨头会导致它们之间更快接触，进而终止运动。有趣的是，除骨头撞击外，大部分活动范围限制因素都可通过拉伸训练来改变。

　　在日常活动中，人们会大量地使用足部和小腿肌肉，例如排队或者从一个地方走到另一个地方。尽管小腿的肌肉组织比大腿小得多，但它支撑着整个身体，在活动中承受着最重的负荷。因为双足也不断在对它们接触的表面施加力量，所以一天结束后许多人的小腿和足部肌肉会有轻微的疼痛、痉挛和无力。拉伸和加强这些小肌群，可减轻日常活动所导致的疲劳和疼痛。除了帮助减少疼痛，拉伸小腿和足部肌肉还可以改善身体整体柔韧性、力量、力量耐力、平衡性和耐力。改善这些肌群的力量和柔韧性，会提高人们在工作或娱乐活动中长时间工作的能力，进而提高效率。

　　人们常常抱怨足弓和小腿肌群疼痛、痉挛和无力。这样的问题常常是在肌肉上持续施加较重负荷所导致的。长期使用这些肌肉也可能增加肌肉紧张度。紧绷可能导致肌腱炎和外胫夹等情况。事实上，与腓肠肌和比目鱼肌的过度使用和紧绷相关的跟腱炎很常见。外胫夹是由小腿前侧肌肉（胫骨前肌）以及一些情况下比目鱼肌和趾长屈肌的炎症引起的。如果不尽早处理，这些情况可能会造成剧痛。在大部分情况下，对这些肌群的各种拉伸和力量训练会改善并帮助预防运动损伤。

　　另一种常见的情况是延迟性肌肉酸痛（DOMS）。此问题通常在人们参加不常见或不熟悉的活动后发生。小腿肌群比身体中其他肌群都更常受延迟性肌肉酸痛的影响。推荐进行轻微拉伸训练来帮助改善此情况，减轻与它有关的一些疼痛。

初级坐姿趾伸肌拉伸

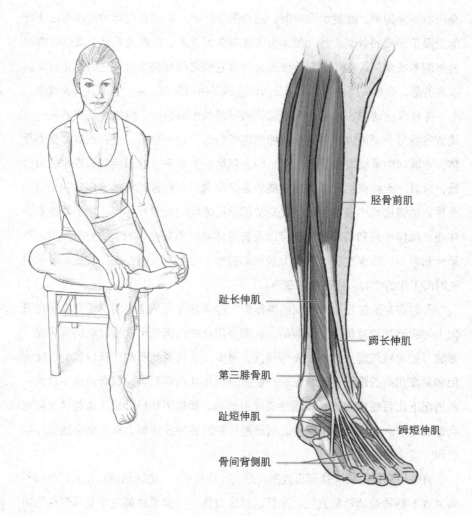

胫骨前肌

趾长伸肌

踇长伸肌

第三腓骨肌

趾短伸肌

踇短伸肌

骨间背侧肌

拉伸步骤

1. 坐在椅子上，左脚着地，抬起右脚踝并放在左膝上。
2. 用右手抓住右脚踝，同时将左手指放在右脚趾背部。
3. 朝脚底方向拉动脚趾，使其远离胫骨。
4. 另一条腿重复此拉伸。

目标肌肉

拉伸幅度最大的肌肉：趾长伸肌、趾短伸肌、踇长伸肌、踇短伸肌、胫骨前肌、第三腓骨肌

拉伸幅度较小的肌肉：骨间背侧肌

拉伸说明

这种拉伸能够减轻附着在脚背上的趾伸肌群的紧绷和疼痛。一般而言，这些肌肉没有附着在脚底的趾屈肌那么强壮，因为它们不需要在每天的跑步和行走运动中收缩来对抗身体的重力。相反，在行走或跑步过程中，它们常常被用作着地（脚趾伸展和背屈）时的拮抗肌。因此，它们与趾屈肌相比更少发生酸痛或僵硬。

此拉伸是最容易执行的拉伸动作之一。当你坐着看电视或者进行其他类似的坐姿活动时，都可以做此拉伸。在一天的工作结束后进行放松时，有规律地拉伸这些肌肉会产生神奇的效果。早晨的拉伸活动也是开启一天的有益方式。本系列拉伸训练可在一天中任何时候进行。

请牢牢抓住脚踝，以保持脚踝和足部稳定。你会感觉到脚背被拉伸。如果抓住并拉动脚趾太痛，可将压力施加在跖球上。

高级站姿趾伸肌拉伸

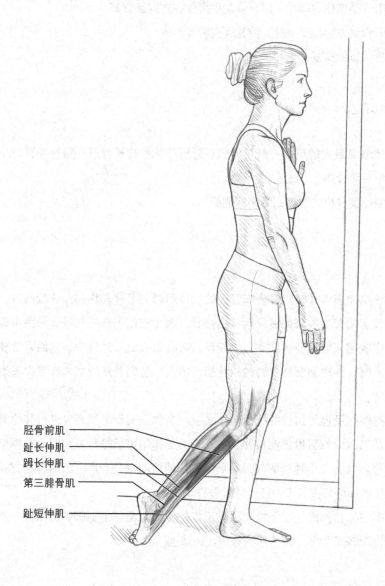

胫骨前肌

趾长伸肌

姆长伸肌

第三腓骨肌

趾短伸肌

拉伸步骤

1. 站立位，一只手支撑在一面墙或物体上保持身体平衡。

2. 将右脚伸向身后，脚趾背部触地。将脚背放在枕头或毛巾上，这样会使此拉伸更舒适。

3. 在保持脚趾背侧压在地面上的同时，将身体重量放在右腿上，并朝地面下压足跟底部。

4. 另一条腿重复此拉伸。

目标肌肉

拉伸幅度最大的肌肉：趾长伸肌、趾短伸肌、踇长伸肌、踇短伸肌、胫骨前肌、第三腓骨肌

拉伸幅度较小的肌肉：骨间背侧肌

拉伸说明

许多训练者都在胫骨前侧发生过外胫夹。此情况在训练期间会让人感觉非常疼痛。此情况与胫骨前肌和围绕胫骨前间隔的结缔组织的炎症有关。它常常是由胫骨前肌的过度使用或紧绷导致的。它也可能与所穿的鞋子类型和训练地面有关。患有外胫夹的人能明显从这个拉伸中受益。当然，还要注意选择合适的鞋子，以及跑步和行走的场地表面。

在地毯或其他柔软的表面执行此拉伸，或者在脚背与地面之间放一个枕头或一条毛巾，这样会更舒适。不要拖曳压在地上的脚。向内侧或外侧移动脚跟会在更大程度上拉伸脚背的内侧或外侧。另外，推荐从不同的牵拉角度尝试此拉伸。这样，你就能够找到这些肌肉的痛处或紧绷处。此拉伸比前一种拉伸更有效。在此拉伸中，整个身体的重量会给这些肌肉施加更大的压力。

初级坐姿趾屈肌拉伸

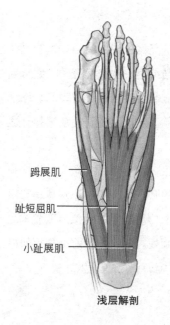

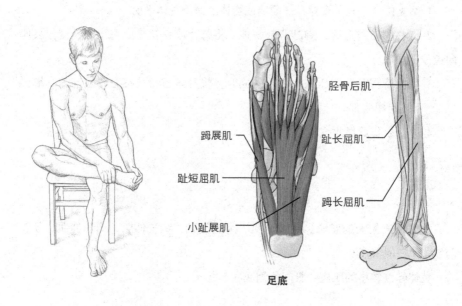

胫骨后肌

拇展肌

趾短屈肌

趾长屈肌

拇长屈肌

小趾展肌

足底

浅层解剖

拇展肌

趾短屈肌

小趾展肌

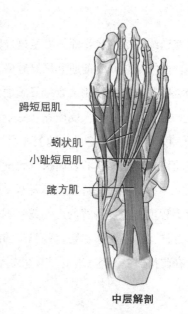

拇短屈肌

蚓状肌

小趾短屈肌

跖方肌

中层解剖

16

拉伸步骤

1. 坐在椅子上，左脚着地，抬起右脚踝并放在左膝上。
2. 用右手抓住右脚踝，将左手指放在右脚趾底部，手指朝向与脚趾相同的方向。
3. 用左手指朝右膝方向推右脚趾。
4. 另一条腿重复此拉伸。

目标肌肉

拉伸幅度最大的肌肉：趾短屈肌、跖方肌、小趾短屈肌、踇短屈肌、蚓状肌、骨间足底肌、踇展肌、小趾展肌

拉伸幅度较小的肌肉：趾长屈肌、踇长屈肌、胫骨后肌、腓骨长肌、腓骨短肌、跖肌、比目鱼肌、腓肠肌

拉伸说明

位于足弓处的足部肌肉在日常活动中会不断受到压力。这种压力来自足部在站立、行走、跳跃和跑步等活动期间对身体重量的支撑。只要你移动身体，脚趾肌肉就会收缩，使脚对地面施加力量。因此足部肌肉在一天的大多数时间里都在被使用，尤其是如果你是个活跃的人。长时间行走和站立后，足部肌肉常常比身体中其他肌群更加疲劳、酸痛和紧绷。在工作一整天后，这些肌肉甚至可能发生痉挛。拉伸这些趾屈肌将有助于减轻辛苦工作一整天后的酸痛，让你感觉舒服一些。足底的肌肉非常敏感，能非常好地响应拉伸训练。在一天的行走后，轻微的按摩加上轻微的拉伸训练会让你的足部感觉非常放松。

牢牢抓住脚踝，以保持足部和脚踝稳定。用左手掌用力推趾尖，这样拉伸幅度更大，你会感觉到脚掌（足底）被拉伸。

高级站姿趾屈肌拉伸

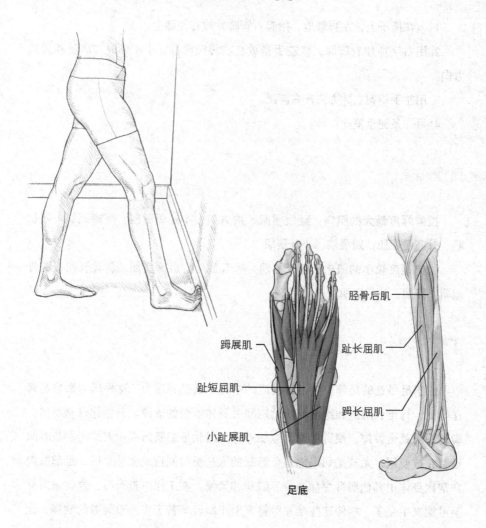

胫骨后肌

趾长屈肌

拇展肌

趾短屈肌

拇长屈肌

小趾展肌

足底

拉伸步骤

1.面朝墙壁站立，离墙 30 ～ 60 厘米。

2.保持右脚跟着地，朝墙压右脚趾底部。右脚跖球离地面的高度应超过 2 厘米。

3.前倾身体并缓慢下滑右脚跖球，保持脚趾压在墙上。

4.另一条腿重复此拉伸。

目标肌肉

拉伸幅度最大的肌肉：趾短屈肌、蹠方肌、小趾短屈肌、姆短屈肌、蚓状肌、骨间足底肌、姆展肌、小趾展肌

拉伸幅度较小的肌肉：趾长屈肌、姆长屈肌、胫骨后肌

拉伸说明

你是否试过连续开几小时车？你是否厌倦了长时间踩油门和松油门或保持油门在同一个位置？我们大部分人都遇到过这种情况。足部的肌肉不习惯这么做，它们会感到疲倦。此拉伸或之前的任何拉伸都对长时间驾驶有益。

确保跖球与地面平行，这样可以使所有脚趾被同等程度地拉伸。另外，请缓慢地下滑跖球，以防过度拉伸。缓慢地弯曲右膝并朝墙的方向移动膝盖，使小腿后侧肌群充分参与拉伸。

初级跖屈肌拉伸

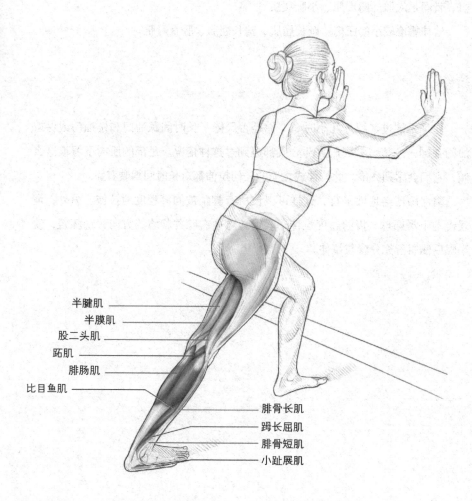

半腱肌

半膜肌

股二头肌

跖肌

腓肠肌

比目鱼肌

腓骨长肌

踇长屈肌

腓骨短肌

小趾展肌

拉伸步骤

1. 面向墙壁站立，双手撑在墙上。

2. 左脚离墙 30～60 厘米，右脚离墙 60～120 厘米。

3. 保持右脚跟着地，将胸部靠近墙的方向。可以稍微弯曲左膝以方便朝墙移动胸部。

4. 另一条腿重复此拉伸。

目标肌肉

拉伸幅度最大的肌肉：腓肠肌、比目鱼肌、跖肌、腘肌、趾长屈肌、姆长屈肌、胫骨后肌

拉伸幅度较小的肌肉：腓骨长肌、腓骨短肌、趾短屈肌、跖方肌、小趾短屈肌、姆短屈肌、小趾展肌、姆展肌、腘绳肌（半腱肌、半膜肌、股二头肌）

拉伸说明

任何时候开始一次训练计划或参加不常见或不熟悉的活动后，你都可能在后面几天感觉肌肉酸痛。这被称为延迟性肌肉酸痛。这种疼痛的感觉在训练后 24 到 72 小时最强烈。上坡或下坡的走和跑动通常都会产生延迟性肌肉酸痛。小腿肌群受到的影响通常比身体中其他肌群更大。连续几天重复拉伸这些肌肉，有助于减轻延迟性肌肉酸痛。

随着胸部靠近墙壁，稍微弯曲膝盖会重新调整胫骨位置，增加肌肉两端附着点之间的距离。这将增加对胫骨后肌、姆长屈肌和趾长屈肌的拉伸，同时减少对腘绳肌的拉伸。

高级跖屈肌拉伸

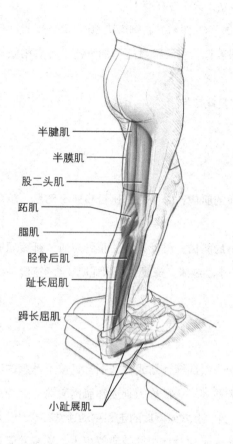

半腱肌

半膜肌

股二头肌

跖肌

腘肌

胫骨后肌

趾长屈肌

踇长屈肌

小趾展肌

拉伸步骤

1. 站立在台阶或横梁边缘，右足中部放在边缘上。至少用一只手牢牢抓住一个支撑物。

2. 保持右膝伸直，左膝稍微弯曲。

3. 尽可能降低右脚跟。

4. 另一条腿重复此拉伸。

目标肌肉

拉伸幅度最大的肌肉：腓肠肌、比目鱼肌、跖肌、腘肌、趾长屈肌、趾短屈肌、蹞长屈肌、蹞短屈肌、胫骨后肌、蹠方肌、小趾短屈肌、小趾展肌、蹞展肌

拉伸幅度较小的肌肉：腘绳肌（半腱肌、半膜肌、股二头肌）

拉伸说明

许多运动员都会发生肌腱炎，也就是肌腱的慢性炎症。肌腱炎是与肌腱关联的肌肉被长期过度使用和紧绷所导致的。小腿中最容易发生此情况的部位是跟腱。腓肠肌和比目鱼肌与此肌腱连接。如果不加治疗，跟腱炎将变得极其疼痛，会限制你参加几乎所有体育运动。研究显示，大部分人都没有花足够的时间和精力来拉伸这些肌肉。摆脱这种肌腱炎常常要很长时间，甚至可能是几个月。你的整体训练计划中应包含对这些肌肉的合理的拉伸计划。

一般而言，此拉伸最适用于小腿后侧肌群。穿着鞋做此拉伸会更舒服。注意要始终支撑着身体，否则可能导致这些肌肉收缩，而不是拉伸。脚跟到达最低点后，稍微弯曲同侧膝盖来增大拉伸幅度。这将拉伸胫骨后肌、蹞长屈肌和趾长屈肌，同时减少对腘绳肌的拉伸。将跖球放在台阶或横梁的边缘，会增加对这些肌群起点（上半部分）的拉伸。将脚中部放在台阶或横梁的边缘，会增加对这些肌肉的下半部分的拉伸。台阶或横梁的边缘越尖锐，在台阶或横梁与足部之间就能产生越大的抓力，对这些肌肉也会产生幅度更大的拉伸。

初级坐姿趾伸肌和足外翻肌拉伸

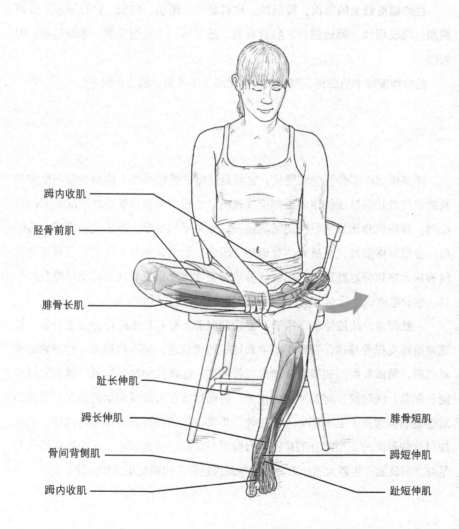

蹬内收肌

胫骨前肌

腓骨长肌

趾长伸肌

蹬长伸肌

骨间背侧肌

蹬内收肌

腓骨短肌

蹬短伸肌

趾短伸肌

拉伸步骤

1. 坐在椅子上，左脚着地，抬起右脚踝并放在左膝上。

2. 用右手抓住右脚踝，同时将左手拇指沿着右脚蹬趾跖球的位置放置，左手其余手指握住右脚背部。

3. 朝脚底方向拉动右脚趾，使其远离胫骨。

4. 在抓住脚踝的同时，拉动并轻轻地扭转足部，使足底稳定向上。

5. 另一条腿重复此拉伸。

目标肌肉

拉伸幅度最大的肌肉：小趾展肌、腓骨长肌、腓骨短肌、第三腓骨肌、趾长伸肌、趾短伸肌、蹬长伸肌、蹬短伸肌、蹬内收肌

拉伸幅度较小的肌肉：骨间背侧肌、胫骨前肌

拉伸说明

此拉伸适合初学者，可以缓解脚背的趾伸肌以及脚和小腿外侧的足外翻肌的紧绷和疼痛。在拉伸中，你应该能感觉到趾伸肌和足外翻肌的拉伸程度相同。在这个过程中，小趾展肌、三块腓骨肌以及蹬短伸肌都会有强烈的拉伸感。此外，这也会拉伸到脚背和脚外侧的重要韧带。

这种拉伸以及其他脚和脚踝的拉伸方便进行，你可以在一天中的任何时间和任何地点进行拉伸。在办公室工作的间隙、在家休息时或者在任何你能坐着的地方都可以做此项拉伸。

在做这个拉伸动作时，整个过程中要牢牢抓住脚踝以保持足部和脚踝稳定。抓住脚趾的末端，向上拉，并轻轻地向上旋转（同时让脚趾处于伸展的状态），这样拉伸效果会更好。

初级坐姿趾屈肌和足外翻肌拉伸

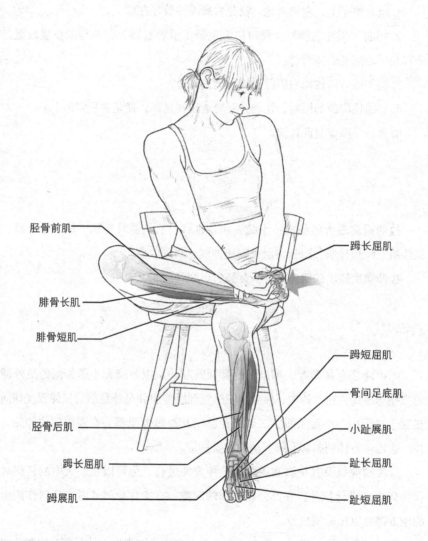

胫骨前肌

腓骨长肌

腓骨短肌

胫骨后肌

踇长屈肌

踇展肌

踇长屈肌

踇短屈肌

骨间足底肌

小趾展肌

趾长屈肌

趾短屈肌

拉伸步骤

1. 坐在椅子上，左脚着地，抬起右脚踝并放在左膝上。

2. 用左手抓住右脚踝，同时将右手拇指放在右脚蹬趾上，右手其余手指放在右脚趾的顶部。

3. 将右趾尖向胫骨的方向拉。

4. 在抓住脚踝的同时，拉动并轻轻扭转足部，使足底稳定向上。

5. 另一条腿重复此拉伸。

目标肌肉

拉伸幅度最大的肌肉：腓骨长肌、腓骨短肌、小趾展肌、趾短屈肌、蹠方肌、小趾短屈肌、蹬短屈肌、蚓状肌、骨间足底肌

拉伸幅度较小的肌肉：趾长屈肌、蹬长屈肌、胫骨后肌、跖肌、比目鱼肌、腓肠肌

拉伸说明

脚、脚踝和小腿的肌肉一整天都在不停地工作。与身体这些部位相关的肌肉需要额外的关注。如果每天拉伸和轻轻按摩这些肌肉，会带来极大的放松和愉悦感。拉伸这些趾屈肌和足外翻肌有助于减轻辛苦工作一天后的肌肉酸痛，让你感觉更好。脚底的肌肉很敏感，对拉伸运动反应相对较好。在你几乎站了一天后，轻轻按摩加上适度的拉伸会让你感到轻松愉快。

牢牢抓住脚踝以保持足部和脚踝稳定。用左手指拉伸并扭转右脚趾末端，可以使拉伸力更大。你会感觉到脚底、脚外侧、脚踝和小腿部位的肌肉拉伸感。此外，这个动作还会拉伸到位于跖侧（脚底）和脚外侧的重要韧带。

高级跖屈肌和足外翻肌拉伸

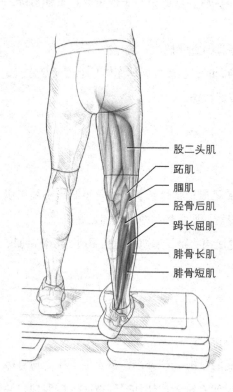

股二头肌
跖肌
腘肌
胫骨后肌
姆长屈肌
腓骨长肌
腓骨短肌

拉伸步骤

1. 站立在台阶或横梁边缘，右足中部放在边缘上。

2. 通过以脚外侧着地的方式站立，将足部向内翻转。

3. 保持右膝伸直，左膝稍微弯曲。

4. 至少用一只手抓住一个支撑物。

5. 保持足部向内翻转，尽可能降低右侧脚跟。

6. 另一条腿重复此拉伸。

目标肌肉

拉伸幅度最大的肌肉：腓骨长肌、腓骨短肌、第三腓骨肌、小趾展肌、比目鱼肌的外侧、腓肠肌的外侧、蹈长屈肌、胫骨后肌

拉伸幅度较小的肌肉：腘肌、跖肌、腓肠肌的内侧头、股二头肌、趾短屈肌、蹠方肌、小趾短屈肌、蹈短屈肌

拉伸说明

许多人都会遇到小腿外侧肌群酸痛和紧绷的情况。任何时候在不平坦或不稳定的场地表面（例如草地或沙滩）上行走或跑动，或者下坡时行走或跑动，都可能发生这种情况。这种酸痛常常会在运动后几天内感觉到。这种情况被称为延迟性肌肉酸痛。遇到这种问题时，建议开始执行拉伸计划，尤其是针对感觉到这种疼痛的肌肉。这种特定的拉伸对减轻小腿外侧肌群酸痛很有帮助。

穿着鞋做此拉伸会更舒适。此拉伸非常适用于腓骨长肌、腓骨短肌和小趾展肌，这些肌肉位于小腿和足部的外侧。当脚处于翻转位置时请格外小心，在做这个拉伸练习时一定要缓慢地增加拉伸力度。右脚跟着地或到达最低点后，稍微弯曲右膝来增加拉伸幅度。这会消除对腘绳肌的拉伸，但会进一步拉伸小腿肌群。

初级坐姿趾伸肌和足内翻肌拉伸

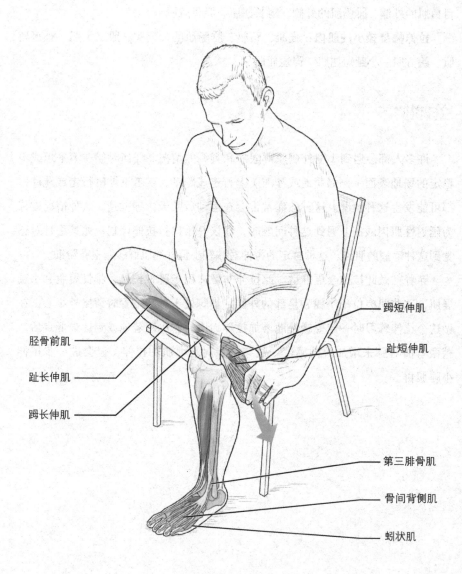

胫骨前肌

趾长伸肌

踇长伸肌

踇短伸肌

趾短伸肌

第三腓骨肌

骨间背侧肌

蚓状肌

拉伸步骤

1. 坐在椅子上，左脚着地，抬起右脚踝并放在左膝上。

2. 用右手抓住右脚踝，同时将左手拇指沿着右脚蹈趾跖球的位置放置，左手其余手指放在右脚趾顶部。

3. 朝脚底方向拉动脚趾，使其远离胫骨。

4. 在抓住脚踝的同时，推动并轻轻地扭动或旋转足部，使足底稳定向下。

5. 另一条腿重复此拉伸。

目标肌肉

拉伸幅度最大的肌肉：蹈展肌、胫骨前肌、趾长伸肌、趾短伸肌、蹈长伸肌、蹈短伸肌

拉伸幅度较小的肌肉：骨间背侧肌、胫骨后肌、蹈长屈肌、趾长屈肌

拉伸说明

此拉伸对初学者友好。它有助于减轻位于脚背的趾伸肌和位于足部和小腿内侧的足内翻肌的紧绷和疼痛。在拉伸中，你会感到脚背上的肌肉受到的拉力较大，而脚内侧（蹈趾侧）、脚踝，以及小腿区域的肌肉受到的拉力较小。在做这个动作时，蹈展肌、趾短伸肌和蹈短伸肌会有强烈的拉伸感。此外，这个动作还会拉伸到位于脚背和足部内侧的重要韧带。

在做这个拉伸动作时，整个过程中要牢牢抓住脚踝以保持足部和脚踝稳定。抓住脚趾的末端，推动并轻轻地向下旋转（同时让脚趾处于伸展的状态），这样会产生理想的拉伸效果。

初级坐姿趾屈肌和足内翻肌拉伸

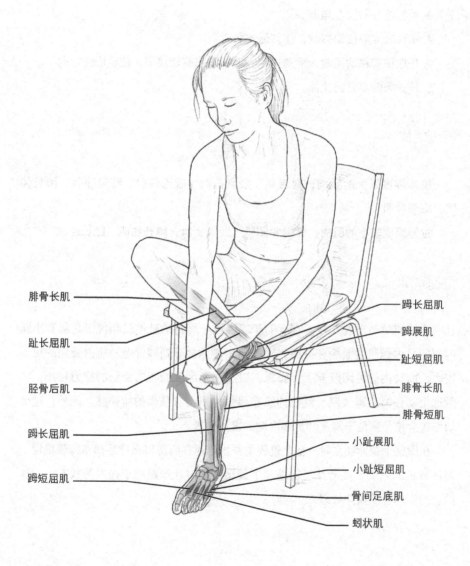

腓骨长肌

趾长屈肌

胫骨后肌

蹋长屈肌

蹋短屈肌

蹋长屈肌

蹋展肌

趾短屈肌

腓骨长肌

腓骨短肌

小趾展肌

小趾短屈肌

骨间足底肌

蚓状肌

拉伸步骤

1. 坐在椅子上，左脚着地，抬起右脚踝并放在左膝上。

2. 用左手抓住右脚踝，同时将右手拇指放在右脚蹈趾上，右手其余手指放在右脚趾底部。

3. 将脚趾向胫骨方向拉。

4. 在抓住脚踝的同时，推动并轻轻扭转足部，使足底稳定向下。

5. 另一条腿重复此拉伸。

目标肌肉

拉伸幅度最大的肌肉：趾短屈肌、蹠方肌、小趾短屈肌、蹈短屈肌、蚓状肌、骨间足底肌、蹈展肌、小趾展肌

拉伸幅度较小的肌肉：趾长屈肌、蹈长屈肌、胫骨后肌、腓骨长肌、腓骨短肌、跖肌、比目鱼肌、腓肠肌

拉伸说明

在持续的压力下，脚、脚踝和小腿部位的肌肉通常会变得紧绷和僵硬。这种状态反过来又会导致慢性肌肉酸痛或损伤，因为人在行走或跑步时倾向于偏向身体的一侧。预防这种情况的最好方法之一就是进行定期的拉伸运动。

脚、脚踝和小腿部位的肌肉很敏感，对拉伸运动反应良好。白天坐着的时候，进行脚和小腿的拉伸都很方便。可在一天中重复这些 5 ～ 10 分钟即可完成的拉伸运动。在你几乎站了一天后，轻轻按摩加上适度的拉伸会让你感到轻松愉快。

在做这个拉伸动作时，左手要牢牢抓住脚踝以保持足部和脚踝稳定。用右手手指推动并旋转脚趾末端，这样可以产生幅度更大的拉伸。你会感觉到脚底、脚内侧、脚踝和小腿受到了拉伸。此外，这个动作还将拉伸到位于足底（脚底）和脚内侧的重要韧带。

高级跖屈肌和足内翻肌拉伸

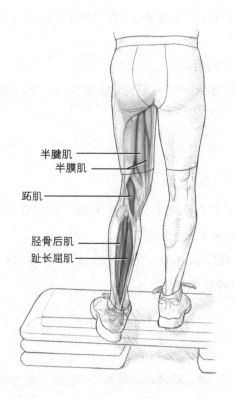

半腱肌
半膜肌
跖肌
胫骨后肌
趾长屈肌

拉伸步骤

1. 站立在台阶或横梁边缘，左足中部放在边缘上。

2. 通过以脚内侧着地的方式站立，将足部向外翻转。

3. 左膝稍微向身体中线（内侧）弯曲，右膝稍微弯曲。

4. 至少用一只手抓住一个支撑物。

5. 保持足部向外翻转，尽可能降低左脚跟。

6. 另一条腿重复此拉伸。

目标肌肉

拉伸幅度最大的肌肉：趾长屈肌、蹬展肌、比目鱼肌内侧、胫骨后肌、跖肌

拉伸幅度较小的肌肉：趾短屈肌、蹠方肌、蹬短屈肌、小趾短屈肌、腓肠肌内侧、半腱肌、半膜肌

拉伸说明

许多耐力训练者都受到过外胫夹的困扰。这种情况常常是跖屈肌和内翻肌被过度使用或紧绷所导致的。在外胫夹不断带来疼痛时，人很难进行任何体育运动。此拉伸专门拉伸趾长屈肌和比目鱼肌的内侧。有外胫夹症状的人可以从此拉伸中受益。当然，还要考虑鞋子以及跑步和行走的场地表面。此外，在任何康复计划中都应包含全面的拉伸计划。

穿着鞋做此拉伸会更舒适。此拉伸非常适用于位于小腿和足部内侧的趾长屈肌、比目鱼肌内侧和蹬展肌。当脚处于外翻位置时请格外小心，一定要缓慢地增加拉伸的力度。左脚跟着地或到达最低点后，稍微弯曲左膝可增加拉伸幅度。这会减少对腘绳肌的拉伸，但会增加对趾长屈肌、比目鱼肌内侧和蹬展肌的拉伸。

第 3 章
膝和大腿

　　腿和膝部的骨骼结构由胫骨和腓骨（小腿）、股骨（大腿）以及髌骨（膝盖骨）组成。腿的上部和下部区域的这些长骨形成了主要的杠杆系统，使身体能够在所有行动中使用这一区域的肌肉。

　　膝关节是大腿和小腿骨头之间唯一的主要关节。它被分类为铰链关节，仅支持两种主要运动：屈曲和伸展。此关节的活动范围或自由度，既取决于骨骼结构，又取决于围绕此关节的肌肉组织、肌腱和韧带的柔韧性。通常，与身体中其他一些关节相比，膝关节在运动上很受限，但膝关节与髋关节相结合，使我们能够执行各种复杂运动，提高我们进行各种体育和休闲活动的能力。这些关节周围的肌肉柔韧性越强，运动时自由度就越大。

　　膝关节被许多韧带和肌腱（图 3.1）包裹，以增强其稳定性。尽管存在这些额外的支撑结构，但膝关节仍然很容易发生损伤。膝关节周围最重要的韧带之一是髌韧带，它从髌骨走行到胫骨的上前部。股四头肌的肌腱（位于大腿前部）与髌韧带混合在一起，髌韧带将这些肌肉的止点附着在胫骨上。内侧副韧带支撑膝关节的内侧，外侧副韧带支撑膝关节的外侧。前交叉韧带和后交叉韧带帮助防止股骨在胫骨前后移位。这些韧带位于膝关节内部，将胫骨和股骨固定在一起。腘斜韧带和腘弓状韧带对膝关节的后外侧区域提供额外的支撑。

　　此外，内侧和外侧副韧带也从股四头肌肌腱中伸出，帮助支撑膝关节的前部。最后，半月板位于胫骨顶端，为膝关节增加额外的稳定性，并在行走、跑步和跳跃期间对骨骼起缓冲作用。半月板的磨损常常引起膝关节内侧疼痛。

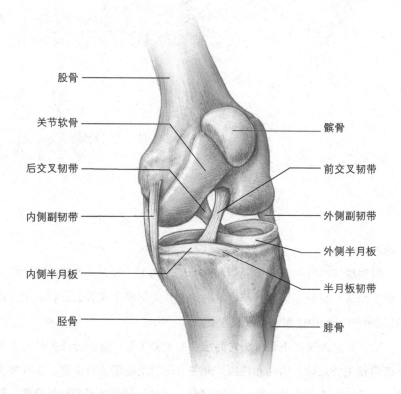

股骨

关节软骨

后交叉韧带

内侧副韧带

内侧半月板

胫骨

髌骨

前交叉韧带

外侧副韧带

外侧半月板

半月板韧带

腓骨

图 3.1 膝关节的韧带和组织

　　控制膝关节运动的大部分肌肉都在大腿中，同时还涉及一些小腿肌肉。一般而言，移动膝关节的大腿肌肉分为两组。大腿前侧的 4 块大型肌肉（股直肌、股中间肌、股内侧肌和股外侧肌）统称为股四头肌，这些肌肉是主要的膝伸肌。大腿后侧的大型肌肉（股二头肌、半膜肌和半腱肌）统称为腘绳肌，这些肌肉是主要的膝屈肌。大腿内侧的股薄肌和缝匠肌，以及小腿后侧的腓肠肌、腘肌和跖肌会帮助腘绳肌弯曲膝关节。

　　屈曲和伸展是膝关节的两种主要运动方式。身体中的大部分肌肉都贯穿多个关节，因此其中许多肌肉都能参与关节的多种运动。股四头肌中的 3 块肌肉（股肌）仅贯穿一个关节。这种肌肉排列的结构使这些肌肉只能执行膝关节伸展运动。这 3 块股肌是强壮的伸肌。膝关节前面的髌骨所在位置偶尔会发生酸痛和紧绷，这是因为缺少对股四头肌的拉伸。膝伸肌在行走、跑步或跳跃过程

中的运动可能比腘绳肌更少。另外，腘绳肌有两种主要运动（膝关节屈曲和髋
部伸展），而且在身体的任何行动中都很活跃。因此，腘绳肌上的总负荷似乎
比股四头肌更大。因此在日常活动中，腘绳肌比股四头肌更容易疲劳和酸痛。

　　控制膝关节的大腿肌肉在所有运动中都很重要。由于比小腿和足部肌肉大
得多，所以大腿肌肉能够承受更大的应力。因此，这些肌群较少发生肌肉酸痛。
但是在功能相反的大腿肌群之间保持力量和柔韧性的正确平衡很重要。大部分
人拥有比腘绳肌更强但不那么柔韧的股四头肌。人们更倾向于拉伸腘绳肌，而
不是股四头肌。这在两个肌群之间造成了不平衡。慢性地过度拉伸腘绳肌而没
有等量地拉伸股四头肌，可能弊大于利。过度拉伸也可能导致腘绳肌慢性疲劳
和力量下降。这是腘绳肌比股四头肌更常出现酸痛的原因。要纠正这种不平衡，
需要把更多的注意力放在股四头肌的拉伸上，而减少对腘绳肌的拉伸。

　　人们常常长时间保持一个坐姿，尤其是在乘车、坐在办公桌前或坐飞机时。
在坐了几小时之后，感觉需要站起来拉伸一下肌肉就很正常了。在长时间坐着
后站立时，人们通常会发现他们的关节和肌肉暂时变僵硬了。你常常会感觉膝
关节更僵硬，在长时间坐着后站起来可能是一个痛苦的过程。出于这一原因，
建议人们在这些时间里经常站起来走动一下。拉伸这些肌肉是一种自然疗法。
许多人发现拉伸和移动腿部肌肉会减轻肌肉和关节的紧张和疼痛感。因为肌肉
酸痛和紧张在大腿肌肉中很常见，所以无论是暂时还是持久的缓解，都可以从
日常的拉伸运动中获得。这套拉伸动作应是健身计划中一个始终存在的部分。

初级坐姿膝屈肌拉伸

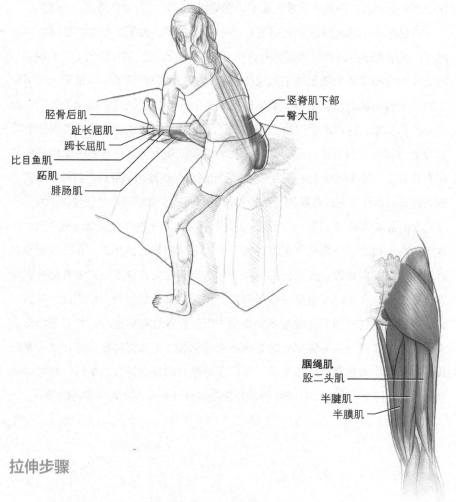

胫骨后肌
趾长屈肌
跛长屈肌
比目鱼肌
跖肌
腓肠肌

竖脊肌下部
臀大肌

腘绳肌
股二头肌
半腱肌
半膜肌

拉伸步骤

1. 坐在沙发、床或长凳上，右腿在支撑面上伸直。

2. 左脚放在地上，或者自然下垂。

3. 将双手放在沙发、床或长凳上，靠近右腿或膝盖。

4. 弯曲腰部并朝右膝方向下压头部，保持右膝后部尽可能舒适地放在沙发、床或长凳上。

5. 向前弯腰时，朝右脚方向滑动双手，保持双手在小腿旁边。

6. 另一条腿重复此拉伸。

目标肌肉

拉伸幅度最大的肌肉：腘绳肌（半腱肌、半膜肌、股二头肌）、臀大肌、腓肠肌、竖脊肌下部（髂肋肌、棘肌、最长肌）

拉伸幅度较小的肌肉：比目鱼肌、跖肌、腘肌、趾长屈肌、踇长屈肌、胫骨后肌

拉伸说明

紧绷的膝屈肌或腘绳肌会影响身体姿态和身体在运动中的移动方式。这些肌肉紧张时，骨盆和髋会被拉离其自然的中立位置，导致背部平直和脊柱的自然曲线丧失。更加平坦的腰背部会给沿腿下行的坐骨神经施加更大的压力，导致肌肉更加紧绷。肌肉紧张时会变短，而缩短的膝屈肌会增加躯干下部伸肌上的张力，尤其是在向前弯腰时。这种增加的张力会损伤腰背部伸肌，这是腰背部肌肉酸痛最常见的原因之一。另外，膝屈肌缺乏柔韧性，会使得这些肌肉在突然提高运动速度或承受大负荷时，更容易受伤。

不活动的人可能拥有较短的膝屈肌，这有许多原因。首先，有些人可能天生就拥有较短的腘绳肌。其次，如果长时间坐着，腘绳肌可能变短。无论是何种原因，只要定期执行拉伸运动，腘绳肌都可以变长。

一次拉伸一条腿的膝屈肌，可以减少对腿和背的压力。膝屈肌拉伸可以在软沙发或其他柔软表面上执行，任何时候都可以执行，如：坐在沙发上看电视时或在工作一整天后放松时。以坐姿做此拉伸运动，一条腿放在沙发表面上，另一条腿下垂，这样可以将重心放在这些被拉伸的肌肉上，使其他肌肉得到放松。如果身体柔韧性不足或刚开始进行拉伸计划，最好从右膝轻微弯曲的姿势开始拉伸，随着柔韧性的改善而逐步伸直膝关节。如果想要最大限度地拉伸这些肌肉，开始拉伸时可将膝关节伸直。执行此拉伸时，要避免骨盆前倾或背部弯曲，将整个躯干向前弯曲，保持它位于右腿正上方或侧上方。

中级站姿膝屈肌拉伸

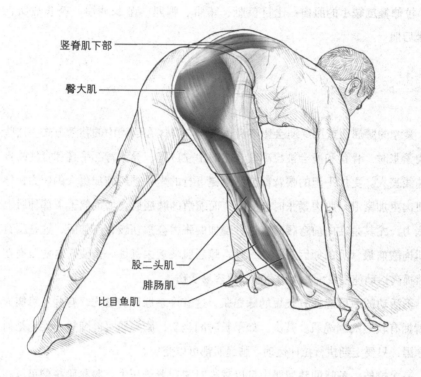

竖脊肌下部

臀大肌

股二头肌

腓肠肌

比目鱼肌

拉伸步骤

1. 站立位，右脚跟位于左脚前方适当的位置。

2. 保持右膝伸直，左膝稍微弯曲，朝右膝方向弯曲躯干。

3. 将双手朝右脚方向伸出。

4. 另一条腿重复此拉伸。

目标肌肉

拉伸幅度最大的肌肉： 腘绳肌（半腱肌、半膜肌、股二头肌）、臀大肌、腓肠肌、竖脊肌下部（髂肋肌、棘肌、最长肌）

拉伸幅度较小的肌肉： 比目鱼肌、跖肌、腘肌、趾长屈肌、跗长屈肌、胫骨后肌

拉伸说明

参加体育运动之前不进行正确的拉伸，很可能导致腘绳肌紧绷。在长跑和短跑运动员中，腘绳肌紧绷是很常见的，因为他们显著提高了跑速、跑步距离或上坡距离。在运动期间，随着肌肉变暖，肌肉紧张很容易消除，但停下来后紧绷可能会复发。另外，紧绷常常是轻微或重度肌肉拉伤的一种迹象，这种情况通常在运动后才会感觉到。此外，肌肉力量不平衡——膝伸肌比腘绳肌更强或臀肌比股后肌群更弱也会导致紧绷。因此，在运动后适当拉伸尤为重要，因为这时肌肉是暖和的，更容易被拉伸。

这是腘绳肌常用的拉伸。任何时候感觉需要拉伸腘绳肌时，都可轻松地完成此拉伸。在进行任何类型的健身活动后，腘绳肌都可能发生轻微的疼痛和紧绷。几乎每次锻炼后股后肌群都会感到不适，这很常见，此时是对这些肌肉进行轻微拉伸的最佳时机。大部分情况下，这种拉伸将减轻这些不适症状，你可以继续进行其他日常活动，而无须担忧肌肉情况。

要在此拉伸中获得更好的效果，可尝试保持右膝伸直，直接从髋部处弯曲躯干。执行拉伸动作时，保持背部尽可能处于平直状态也是很重要的。将右脚稍微朝外转，并更多地朝右膝内侧弯曲头部和躯干，将增加股二头肌（位于大腿后外侧）的拉伸强度。此外，将右脚稍微往内转，并更多地朝右膝外侧弯曲头部和躯干，将增加半腱肌和半膜肌（位于大腿后内侧）的拉伸强度。

高级坐姿膝屈肌拉伸

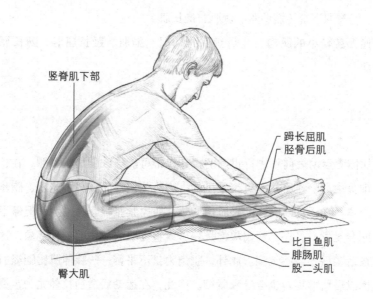

竖脊肌下部

拇长屈肌
胫骨后肌

比目鱼肌
腓肠肌
股二头肌

臀大肌

拉伸步骤

1. 坐立于地面、地毯或体操垫上，双腿伸直，双脚脚踝内侧尽可能靠近。

2. 保持双脚在一个自然位置放松。

3. 将双手放在大腿旁边的地面上。

4. 弯曲腰部，将头部朝双腿方向下压。如果可能，保持膝关节后部位于地上。

5. 前倾时，朝双脚方向滑动双手，保持双手在双腿旁边。

目标肌肉

拉伸幅度最大的肌肉： 腘绳肌（半腱肌、半膜肌、股二头肌）、臀大肌、腓肠肌、竖脊肌下部（髂肋肌、棘肌、最长肌）

拉伸幅度较小的肌肉： 比目鱼肌、跖肌、腘肌、趾长屈肌、拇长屈肌、胫骨后肌

拉伸说明

腘绳肌紧绷时，骨盆和髋会被拉离其自然的中立位置，导致背部平直，脊柱的自然曲线丧失。更加平坦的腰背部会给沿腿下行的坐骨神经施加更大的压力，可能导致肌肉更加紧绷。紧绷的肌肉也会变短，而缩短的膝屈肌会增加躯干下部伸肌上的张力，尤其是在向前弯腰时。这种增加的张力会损伤腰背部伸肌，这是腰背部肌肉酸痛最常见的原因之一。紧绷的肌肉可能会压迫肌肉中的血管，而血流的减少则可能使腘绳肌和腰背部伸肌更加紧绷和疲劳。

尽管此拉伸运动可通过增加柔韧性来帮助缓解问题，但不推荐在腘绳肌的柔韧性增加之前做此拉伸。如果在两侧肌肉都紧绷时做此拉伸运动，可能损伤腰背部。这是因为腘绳肌通常更大、更强壮，而更弱的一环会首先疲劳。

在此运动中，可以同时拉伸双腿。要更好地拉伸和改善柔韧性，可尽量保持膝关节伸直。保持背部伸直也很重要。向前弯曲躯干时，尝试将它作为一个整体来移动，将它保持在两腿中央。按照这些程序操作，可以更有效地拉伸腘绳肌，更快地得到令人愉快且更好的效果。

在地毯、体操垫或其他柔软表面上做此拉伸运动，通常更舒适。以坐姿做此拉伸运动，可以放松身体中的其他肌肉。此拉伸运动可在闲坐、看电视、阅读或进行任何坐着的休闲活动时轻松地进行。因为我们每天很多时间都坐着，所以此拉伸运动可在一天中任何时间反复进行。集中精力提醒自己每天做此拉伸运动可能有助于改善柔韧性。

变化动作

坐姿膝、踝、肩和背部拉伸

如果用双手抓住脚趾并缓慢地将其朝膝关节方向拉动（背屈位置），而不是将双手放在腿侧，可增加对小腿肌群的拉伸。此外，改变双手的位置，可以拉伸背、肩和手臂肌肉。执行前面介绍的第 1 到 4 步。处于第 4 步中的位置时，抓住脚趾或跖球，并朝膝关节方向拉动双脚。

比目鱼肌
腓肠肌

45

专家级抬腿膝屈肌拉伸

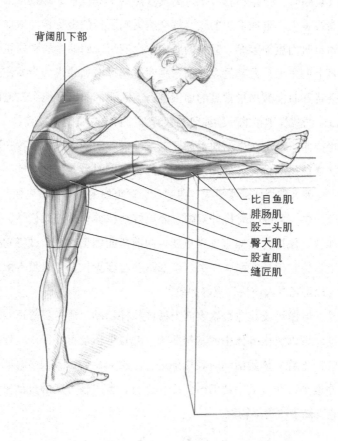

背阔肌下部

比目鱼肌
腓肠肌
股二头肌
臀大肌
股直肌
缝匠肌

拉伸步骤

1. 站立位，将身体重量均匀地放在左腿上。

2. 弯曲右髋部，将右腿放在比髋部更高的桌面、长凳或其他稳定物体上，膝关节伸直。

3. 弯腰，将双手放在右脚上，朝右腿方向下压头部，保持右膝尽可能伸直。

4. 保持左膝伸直，左脚与右腿朝向相同的方向。

5. 另一条腿重复此拉伸。

目标肌肉

拉伸幅度最大的肌肉： 臀大肌、腘绳肌（半腱肌、半膜肌、股二头肌）、竖脊肌（髂肋肌、棘肌、最长肌）、背阔肌下部、腓肠肌

拉伸幅度较小的肌肉： 比目鱼肌、腘肌、跖肌、趾长屈肌、跨长屈肌、胫骨后肌、缝匠肌、股直肌

拉伸说明

这是一种更高级的拉伸，适合膝屈肌柔韧性比普通运动员更好的人。一定要选择具有合适的起始高度的桌子、长凳、沙发或其他稳定物体来放置腿部。在开始此拉伸计划时，基于你的柔韧性，建议从较低的高度开始，随着柔韧性逐渐改善，定期将支撑面高度增加几厘米。在柔韧性改善后将支撑面高度增加到髋部上方 30～60 厘米，这将加大对这些肌群的拉伸。当你将桌面高度增加到最高，你也会开始感觉到左腿前部肌群中一部分肌肉（缝匠肌、股直肌、股中间肌、股外侧肌和股内侧肌）的拉伸。

要最大限度地拉伸膝屈肌，不要弯曲膝盖、前倾骨盆或弯曲背部。此外，保持整个躯干挺直并向前弯曲，保持它在右腿上方。

变化动作

抬腿膝、踝、肩和背部拉伸

抓握并拉动脚趾，会拉伸到更多肌肉。这种组合训练会同时拉伸身体后侧（背侧）的大部分肌肉。如果训练时间有限，那么选择这个动作会节省一些时间。

执行第 1 到 3 步。在处于第 4 步中的位置时，抓住脚趾或跖球并将其向膝关节方向拉动。

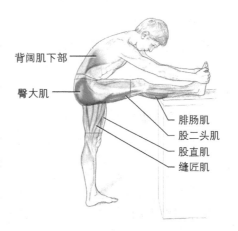

背阔肌下部
臀大肌
腓肠肌
股二头肌
股直肌
缝匠肌

躺姿膝屈肌拉伸

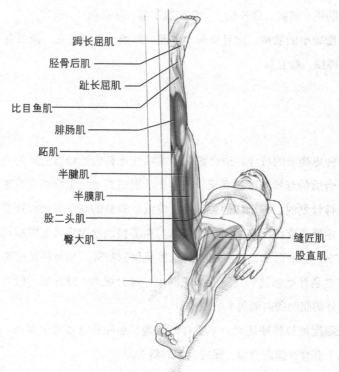

蹰长屈肌
胫骨后肌
趾长屈肌
比目鱼肌
腓肠肌
跖肌
半腱肌
半膜肌
股二头肌
臀大肌
缝匠肌
股直肌

拉伸步骤

1. 仰躺在门口，髋部放在门框前。

2. 抬起右腿并放在门框上。保持右膝伸直，左腿平放在地面上。

3. 将双手手掌朝下放在臀部两侧。

4. 保持右腿伸直，使用双手缓慢地朝门框移动臀部，直到腿后部感觉到拉伸。

5. 另一条腿重复此拉伸。

目标肌肉

拉伸幅度最大的肌肉：臀大肌、腘绳肌（半腱肌、半膜肌、股二头肌）、

腓肠肌

拉伸幅度较小的肌肉：比目鱼肌、腘肌、跖肌、趾长屈肌、姆长屈肌、胫骨后肌、缝匠肌、股直肌

拉伸说明

拉伸膝屈肌时，必须小心腰背部。如果腰背部伸肌紧绷，它们将限制大部分膝屈肌拉伸。许多人会给背部很大压力，而且很容易前倾骨盆或弯曲背部。这么做会进一步损伤腰背部肌肉。仰卧在地上时，更容易保持正确的背部位置，而且地面提供了额外的背部支撑。因此，当你有背部问题时，此训练是很好的膝屈肌拉伸练习。

对于此拉伸，将身体放在正确位置可能会花一些额外的时间和精力，但一旦找到了正确的位置，这就是很好的拉伸动作。若要最大限度地拉伸膝屈肌，不要弯曲膝盖、前倾骨盆或弓背。调整臀部与门框之间的距离，可增加或减少拉伸程度。臀部离门框越近，拉伸程度越大。臀部无法再靠近门框时，在髋关节处弯曲右腿并朝头部方向移动右腿，可增加拉伸程度。保持左腿在地面上伸直，以获得最大的拉伸效果，这也很重要。达到拉伸极限时，你会发现左腿上的股四头肌也得到了拉伸。

变化动作

躺姿膝、踝、肩和背部拉伸

使用毛巾向下拉动脚趾和脚，可增加拉伸的肌肉数量。执行第 1 到 4 步。感觉腘绳肌被拉伸后，使用毛巾朝地面方向拉动脚趾和脚。这种组合训练可以同时拉伸身体后侧的大部分肌肉，包括小腿肌肉、腘绳肌，以及背部、肩部和手臂肌肉。如果训练时间有限，这样可以节省一些时间。

初级坐姿膝伸肌拉伸

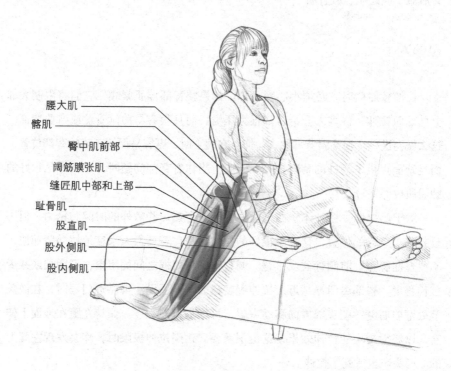

腰大肌
髂肌
臀中肌前部
阔筋膜张肌
缝匠肌中部和上部
耻骨肌
股直肌
股外侧肌
股内侧肌

拉伸步骤

1. 端坐在沙发或床上，左膝朝前放置，弯曲不超过 90°。左腿外侧应尽量平放在支撑面上，左髋部靠近沙发或床的边缘。

2. 将身体的重量均衡地分布在左髋部。

3. 朝躯干后方伸展右腿，让右膝接触地面。右小腿放在地面上。

4. 将双手放在沙发或床上，以保持平衡。

5. 如果需要，缓慢地前移髋部，以获得更大程度的拉伸。

6. 另一条腿重复此拉伸。

目标肌肉

拉伸幅度最大的肌肉：股四头肌（股直肌、股内侧肌、股中间肌、股外侧肌）、缝匠肌中部和上部、腰大肌、髂肌、阔筋膜张肌

拉伸幅度较小的肌肉：耻骨肌、臀中肌前部

拉伸说明

膝伸肌——股四头肌可用于完成常见的动作，例如站立、坐下、行走、跑步和跳跃。股四头肌和肌腱的拉伤和损伤在 15 ～ 30 岁的从事爆发性运动的运动员中较为常见。另外，对于参加日常生活劳动的人，这些肌肉损伤的平均年龄为 65 岁。肌肉劳损和撕裂通常在过度拉伸肌肉，撕裂肌纤维时发生。它们常常发生在肌肉与肌腱结合处。股四头肌损伤的 4 个主要原因是肌肉紧张、肌肉失衡、调理不良和肌肉疲劳。这种初级拉伸的轻松性，可能会有利于你去拉伸这些肌肉，尤其是它可在阅读、看电视或放松时进行。

这是股四头肌的一种初级拉伸，可坐在沙发或床边执行。坐姿有助于你在进行此拉伸时感到更舒适和放松。可以在右膝下放一个枕头来增加舒适性，让左腿在身前弯曲，可将拉伸集中在右腿的股四头肌上，朝身后伸展右腿。

缓慢地前移髋部，你可以控制对股四头肌施加的拉伸力度。如果需要，可增加此拉伸的强度。在前移髋部时可尝试稍微向后伸展背部。最大限度地完成此级别的拉伸后，可以开始进行本章中更高级的拉伸。

中级侧卧膝伸肌拉伸

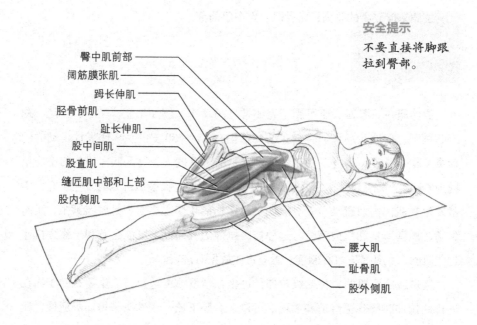

臀中肌前部

阔筋膜张肌

踇长伸肌

胫骨前肌

趾长伸肌

股中间肌

股直肌

缝匠肌中部和上部

股内侧肌

安全提示

不要直接将脚跟
拉到臀部。

腰大肌

耻骨肌

股外侧肌

拉伸步骤

1. 朝左侧躺下。

2. 弯曲右膝，将右脚跟拉动至距离臀部 10 ～ 15 厘米的位置。

3. 紧抓住右脚踝，朝臀部方向拉动右脚。但是，不要从一开始就将右脚跟
拉动到臀部。

4. 与此同时，向前推髋部。

5. 另一条腿重复此拉伸。

目标肌肉

拉伸幅度最大的肌肉： 股中间肌、股直肌、腰大肌、缝匠肌中部和上部

拉伸幅度较小的肌肉： 股内侧肌、股外侧肌、阔筋膜张肌、耻骨肌、髂肌、臀中肌前部、胫骨前肌、趾长伸肌、跚长伸肌

拉伸说明

股四头肌损伤通常发生在冲刺、跳跃或踢腿等动作中，尤其是在肌肉紧张或未做好运动准备时。这个动作是拉伸大腿前侧肌肉的一种有效方法。尽管仅比初级坐姿膝伸肌拉伸稍微困难一点，但此拉伸难度仍属于中级类别。

由于是在放松的姿势下执行此拉伸，所以能最大限度地控制对股四头肌的拉伸量。换句话说，此拉伸可以专门拉伸这些大腿肌肉，而让其他肌肉尽可能放松。

缓慢地朝后方而不是朝上方拉动脚踝，同时确保髋部也在前移。应该更加注重髋部前移动作，而不是膝关节的弯曲（朝臀部方向拉动脚踝）。与任何股四头肌拉伸一样，进行此拉伸时需要防止过度弯曲膝盖而拉伤。

高级跪姿膝伸肌拉伸

安全提示
完成初级和中级膝伸肌拉伸之前，不要尝试此拉伸。

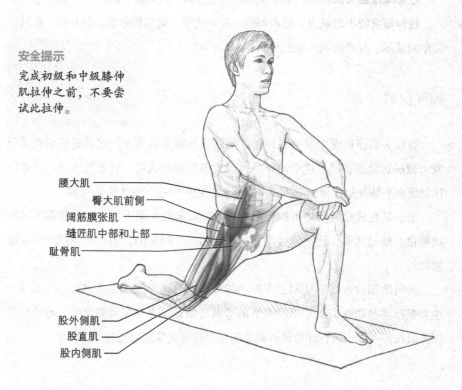

腰大肌
臀大肌前侧
阔筋膜张肌
缝匠肌中部和上部
耻骨肌

股外侧肌
股直肌
股内侧肌

拉伸步骤

1. 左腿向前跨一步，左膝弯曲约90°。

2. 保持左膝位于左脚踝上方。

3. 右腿向身后伸展，右膝接触地面。右小腿放在地上。

4. 抓住一个物体或将双手放在左膝上来保持平衡。

5. 前移髋部，朝左脚踝前方推左膝，背屈左脚踝。

6. 另一条腿重复此拉伸。

目标肌肉

拉伸幅度最大的肌肉：股四头肌（股内侧肌、股中间肌、股外侧肌、股直肌）、缝匠肌中部和上部、腰大肌、髂肌、阔筋膜张肌

拉伸幅度较小的肌肉：耻骨肌、臀大肌前侧

拉伸说明

高级跪姿膝伸肌拉伸是运动员和普通人常用的股四头肌拉伸。大部分人会更多地拉伸腘绳肌，而不是股四头肌，因此大部分人可能拥有比腘绳肌更强但柔韧性更差的股四头肌。这在两个肌群之间造成了力量和柔韧性的不平衡。要纠正这种不平衡，需要更多地强调对股四头肌的常规拉伸。

右膝朝身后的地面伸展时，尽量让膝盖下面有一个柔软的表面，可以是体操垫、草坪或者枕头，以最大限度地减少膝盖的不适。当你慢慢进入拉伸姿势时，保持左膝朝前。不要让左膝朝向侧面或让右膝沿地面移动。在前移髋部时，向后伸展背部可增加对上述肌肉的拉伸。这不仅会拉伸股四头肌，还会拉伸位于骨盆前面的髋屈肌。

借助支撑的高级站姿膝伸肌拉伸

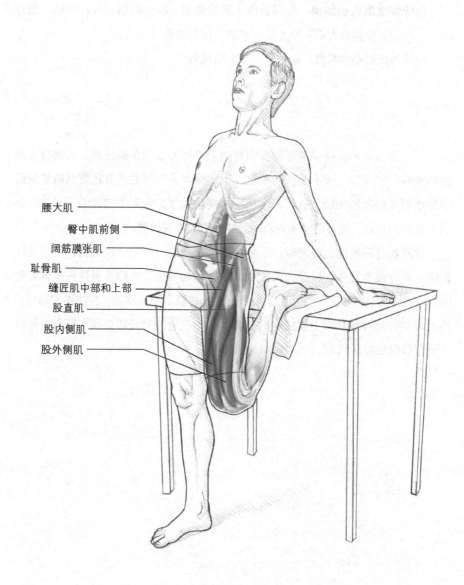

腰大肌
臀中肌前侧
阔筋膜张肌
耻骨肌
缝匠肌中部和上部
股直肌
股内侧肌
股外侧肌

拉伸步骤

1. 背朝一个低于髋部、有缓冲垫的桌子、床或柔软的平台站立。

2. 将身体重量均匀地分布在右腿上，稍微弯曲右膝。

3. 弯曲左膝，将左脚踝放在背后的支撑面上。

4. 将双手放在臀部后面 15 ～ 30 厘米处的支撑面上。

5. 将躯干缓慢地后移，使左脚跟尽可能靠近臀部。确保脚踝和膝关节没有不适感。

6. 前推髋部，同时通过朝臀部方向移动肩膀来向后伸展背部。

7. 另一条腿重复此拉伸。

目标肌肉

拉伸幅度最大的肌肉：股四头肌（股内侧肌、股中间肌、股外侧肌、股直肌）、缝匠肌中部和上部、腰大肌、髂肌、阔筋膜张肌

拉伸幅度较小的肌肉：耻骨肌、臀中肌前部

拉伸说明

膝关节僵硬可能导致膝关节、股四头肌和肌腱损伤。这是高级的股四头肌拉伸，在尝试拉伸时必须格外小心。由于膝关节过度弯曲的可能性增加，所以只有在肌肉的柔韧性非常好时才可以进行此拉伸。采取以下保护措施，可安全地执行此拉伸并避免受伤。

朝后而不是朝上缓慢地拉动脚踝时，请集中精力确保髋部也在前移。这个双重动作会在拉伸股四头肌的同时拉伸位于骨盆区域前面的髋屈肌。如果大腿前部外侧或内侧酸痛或紧绷，可考虑在向后伸展上半身时将其朝远离内侧肌肉的方向旋转（身体右侧顺时针旋转），从而将大部分拉伸重点放在内侧肌肉上（股内侧肌和耻骨肌）。若要将大部分拉伸重点放在外侧肌肉上（股外侧肌和阔筋膜张肌），可在向后伸展上半身时朝远离外侧肌肉的方向旋转上半身（身体右侧逆时针旋转）。

要获得较好的效果，将双手撑在后面的支撑面上很重要。此外，在小心地伸展背部时应前移髋部。这样可以更好地控制在这些肌肉上施加的拉伸量。按照这些程序操作，可最大限度地拉伸股四头肌，以及位于骨盆区域前面的髋屈肌。另一个增加舒适性的安全保护措施就是在脚踝处垫一个支撑物。

也可考虑将脚背朝有缓冲垫的支撑面边缘下移。这会带来整体拉伸的额外优势，因为会拉伸到胫骨前侧的肌肉。这是多种拉伸的组合。

在此拉伸中，也可以改变躯干位置，通过朝外侧或内侧移动躯干来拉伸大腿内侧或外侧肌肉。

4

第 4 章
髋部

骨盆和股骨形成了身体髋部区域的骨骼结构。股骨头嵌入髋臼窝（骨盆中的一个凹槽）从而形成髋关节。这个球窝关节允许人体完成身体中最大范围的动作。此关节的运动包括髋部的屈曲、伸展、外展、内收，以及内旋和外旋。髋关节周围是一些大而强壮的肌群，它们帮助我们完成日常活动中的下肢运动。

髋部肌群以及一些髋关节周围的重要韧带为髋部提供了强有力的支撑。股圆韧带将股骨头与骨盆的髋臼切迹相连，使它们结合在一起。髂股韧带、坐股韧带和耻股韧带提供了额外的支撑，使股骨头在日常活动中牢固、舒适且紧密地停留在髋臼窝中。髋臼唇位于髋臼窝边缘，以加深髋关节腔，进而为髋关节提供额外的支撑。所有这些结构相组合，为髋关节提供了保护，使它非常稳定，能够满足各种肌肉运动需求。

大部分髋部肌肉（图 4.1）位于髋骨与股骨（大腿骨）之间，除了腰大肌和梨状肌，它们位于腰背部脊柱与股骨之间。移动髋关节的肌肉包括身体中一些大肌肉（大收肌和臀大肌）和一些小肌肉（上孖肌和下孖肌）。前侧（正面）肌肉——腰大肌、髂肌、股直肌和缝匠肌，负责弯曲髋部，在行走时用来向前摆动腿。后侧（背面）肌肉——臀大肌、股二头肌、半膜肌和半腱肌，负责在行走时向后摆动腿。大腿内侧的一组大型肌肉（短收肌、大收肌、长收肌、股薄肌和耻骨肌）保持双腿位于躯干下方的中央。大腿外侧的一组小型肌肉（臀中肌、臀小肌、梨状肌、上孖肌、下孖肌、闭孔内肌、闭孔外肌、股方肌和阔筋膜张肌）将两腿向两侧展开。另一个包含 75% 以上髋部肌肉的肌群是髋部外

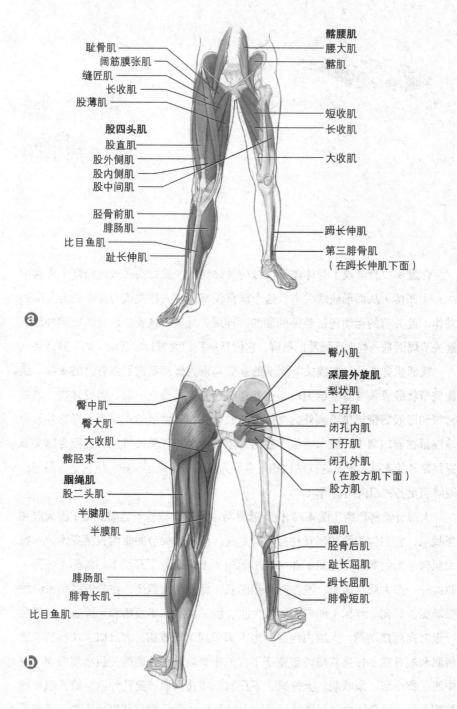

耻骨肌
阔筋膜张肌
缝匠肌
长收肌
股薄肌

股四头肌
股直肌
股外侧肌
股内侧肌
股中间肌

胫骨前肌
腓肠肌
比目鱼肌
趾长伸肌

髂腰肌
腰大肌
髂肌

短收肌
长收肌

大收肌

踇长伸肌
第三腓骨肌
（在踇长伸肌下面）

ⓐ

臀中肌
臀大肌
大收肌
髂胫束

腘绳肌
股二头肌
半腱肌
半膜肌

腓肠肌
腓骨长肌
比目鱼肌

臀小肌
深层外旋肌
梨状肌
上孖肌
闭孔内肌
下孖肌
闭孔外肌
（在股方肌下面）
股方肌

腘肌
胫骨后肌
趾长屈肌
踇长屈肌
腓骨短肌

ⓑ

图 4.1 下肢的肌肉：（a）前侧；（b）后侧

旋肌群，包含臀大肌、臀中肌、臀小肌、梨状肌、上孖肌、闭孔内肌、下孖肌、闭孔外肌、股方肌、腰大肌、髂肌、股直肌、缝匠肌、短收肌、大收肌、长收肌和耻骨肌。

　　髋关节的活动范围或自由度依赖于多个因素，包括骨骼结构，肌肉力量，肌肉组织、肌腱和韧带的僵硬度，以及解剖学限制。髋部屈曲范围受髋屈肌力量、腘绳肌的僵硬度和腿与腹部的接触的限制。髋部伸展受髋伸肌的力量，以及围绕这个球窝关节的髋屈肌和韧带的僵硬度影响。髋部外展不仅受外展肌力量和内收肌僵硬度的限制，还受耻股韧带和髂股韧带的僵硬度，以及股骨颈和髋臼窝边缘的骨接触的限制。另外，髋部内收受内收肌的力量和外展肌的僵硬度，以及髂股韧带和头状韧带（或股圆韧带）僵硬度的限制。除了主动肌的肌肉力量和拮抗肌的僵硬度，内旋还受髂股韧带和坐股韧带的限制，外旋还受髂股韧带的张力限制。

　　柔韧性与身体整体功能的关系比以往我们所认为的要更密切。例如，柔韧性下降是身体老化的指标之一。身体活动减少也会导致柔韧性下降。随着人们变老以及身体活动减少，他们必须不断拉伸肌群，以保持关节的灵活性和活动范围。髋部位于身体中部，因此这个区域的问题可能会延伸影响到身体的其他许多部分。可通过更加关注肌肉力量和关节灵活性，减少甚至预防许多髋部问题。

　　例如，髋部或臀部区域的疼痛常常与髋部的柔韧性太差有关。在沿陡坡或斜坡向上或向下跑步或徒步后，特别容易出现这种情况。在活动后一两天内发生的髋部疼痛是大量使用了髋关节外旋肌群，对肌肉及结缔组织造成损伤所导致的。不幸的是，髋关节外旋肌群很小且通常很脆弱，而且在典型的力量训练中无法得到加强。因此在活动之前和之后拉伸这些肌肉，可能有助于减少这种痛苦，并增加它们的力量。此外，髋关节外旋肌是下半身拉伸最少的肌肉，也是最难拉伸的。我们都容易忽略身体中那些容易出现问题的部位。不过，集中地拉伸这些僵硬且酸痛的肌群并不困难。

　　本书中的髋部拉伸是根据被拉伸的肌群来分组的。此外，本书按容易到困难的顺序列出和介绍这些拉伸。那些刚开始做伸展运动的人可能柔韧度不够，应从最容易的拉伸开始。参与者应在确信他能够进阶到下一个级别时，才进阶到此计划中更困难的拉伸运动。有关详细的拉伸说明，请参阅第 10 章中的拉伸计划。

髋和背伸肌拉伸

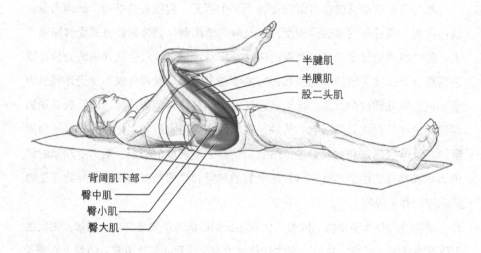

半腱肌
半膜肌
股二头肌

背阔肌下部
臀中肌
臀小肌
臀大肌

拉伸步骤

1. 仰躺在舒适的地面上。
2. 弯曲右膝，将它朝胸部方向拉动。
3. 保持左腿放平，双手抓住右膝后侧，尽可能将其朝胸部方向拉动。
4. 另一条腿重复此拉伸。

目标肌肉

拉伸幅度最大的肌肉：臀大肌、竖脊肌（髂肋肌、最长肌、棘肌）、背阔肌下部、腘绳肌（半腱肌、半膜肌、股二头肌）

拉伸幅度较小的肌肉：臀中肌、臀小肌

拉伸说明

　　对于腰背部、骨盆或髋关节疼痛的人，这是一种有帮助且很有效的拉伸运动。骨盆区的疼痛常常是肌肉酸痛导致的，而且在肌肉酸痛时，人们常常会感觉到肌肉僵硬。存在此情况的人倾向于限制受影响的肌肉的活动范围，从而避免出现疼痛感。因此，正常的日常活动可能受到显著影响。存在此情况的人不应避免运动，而应尝试特殊的运动并拉伸受伤的肌肉。做此髋和背伸肌的拉伸将增加这些肌群的柔韧性和力量，进而帮助降低未来损伤的概率（或严重性）。

　　对于热身运动，建议首先同时运动双腿。热身之后，每次将一侧膝关节朝胸部方向拉动。此外，朝腋窝方向拉动膝关节能最大限度地发挥拉伸效果。

初级坐姿髋外旋肌拉伸

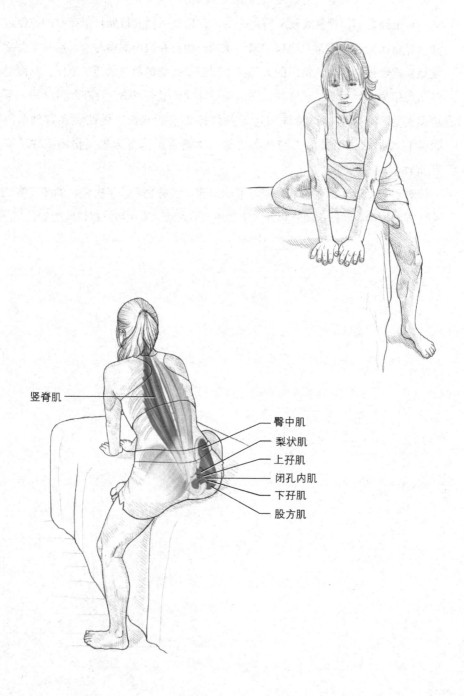

竖脊肌

臀中肌

梨状肌

上孖肌

闭孔内肌

下孖肌

股方肌

拉伸步骤

1. 坐在床或沙发上。

2. 在髋部位置旋转右腿，拉动右足以平放在左腿内侧，离骨盆区域尽可能近。右小腿应尽可能平放在床或沙发上。

3. 朝右（弯曲的）膝尽可能地弯曲躯干，直到开始感觉到轻微的拉伸（轻微的疼痛）。如果可能，在弯曲身体时保持左膝下垂。

4. 弯曲躯干时，将双臂伸到右足前。

5. 另一条腿重复此拉伸。

目标肌肉

拉伸幅度最大的右侧肌肉：臀大肌、臀中肌、臀小肌、梨状肌、上孖肌、下孖肌、闭孔外肌、闭孔内肌、股方肌

拉伸幅度最大的左侧肌肉：竖脊肌（髂肋肌、最长肌、棘肌）、背阔肌下部

拉伸说明

此拉伸是髋外旋肌拉伸的最低压力版本，因此是首先使用的拉伸。较小的髋外旋肌位于髋关节外后侧，在臀大肌下方。如果感觉这里稍微有点紧或酸痛，尤其是在行走、跑步或攀爬之后，可使用这种低强度拉伸来减轻在这些活动期间施加在这些肌肉上的压力。任何时候朝外旋转髋部都会使用到这些肌肉，例如行走和跑步时。如果外旋肌不够强壮或柔韧，它们很容易酸痛和紧绷。

这种特定的拉伸坐在床或沙发上即可轻松完成，而且它是对这些肌群来说最容易执行的拉伸之一。采用坐姿执行此拉伸运动，右腿平放在床或沙发上并弯曲至90°或更小的角度，左腿下垂，这是一种放松姿势。如果不够柔软或刚开始执行拉伸计划，最好先把右膝弯曲到90°以上，然后随着柔韧性改善，逐步加大弯曲幅度。请记住从髋部向前弯曲躯干。保持背部挺直，执行此拉伸时不要弯腰驼背。

中级坐姿髋外旋肌和伸肌拉伸

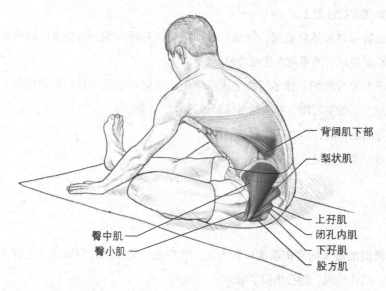

背阔肌下部
梨状肌
上孖肌
闭孔内肌
下孖肌
股方肌
臀中肌
臀小肌

拉伸步骤

1. 坐位，右腿向前方伸直。弯曲左膝并将左足平放在右腿内侧，离骨盆区域尽可能近。将双手放在双腿旁边的地上。

2. 保持躯干挺直，从髋关节开始，朝右膝（伸直的那条腿）弯曲躯干，直到开始感觉到轻微的拉伸（轻微的疼痛）。尽可能在俯身时保持右膝贴在地上，朝右足方向伸出双臂。

3. 另一条腿重复此拉伸。

目标肌肉

拉伸幅度最大的左侧肌肉：臀中肌、臀小肌、梨状肌、上孖肌、下孖肌、闭孔外肌、闭孔内肌、股方肌、竖脊肌（髂肋肌、最长肌、棘肌）、背阔肌下部

拉伸幅度最大的右侧肌肉：腘绳肌（半腱肌、半膜肌、股二头肌）、臀大肌、腓肠肌

拉伸幅度较小的右侧肌肉：比目鱼肌、跖肌

拉伸说明

　　髋外旋肌在拉伸运动中常常被忽视。在棒球、足球和曲棍球等运动中过度使用这些肌肉，可能导致这一区域肌肉酸痛、紧绷甚至受伤。此外，柔韧性差通常会导致运动表现下降。上述运动参与者会执行大量横向动作，只要髋部外旋就会使用许多髋外旋肌。定期做此拉伸将逐步增强柔韧性和力量。

变化动作
中级坐姿髋伸肌和外旋肌拉伸

　　朝左膝而不是右膝弯曲躯干，可减少对身体左侧拉伸幅度最大的肌肉的拉伸，增加对身体右侧拉伸幅度最大的肌肉的拉伸。坐着，将右腿朝前方伸直。弯曲左膝，将左足平放在右腿内侧，离骨盆区域尽可能近。朝左膝（弯曲的那条腿）弯曲躯干，直到开始感觉到轻微的拉伸（轻微的疼痛）。换另一条腿重复此过程。

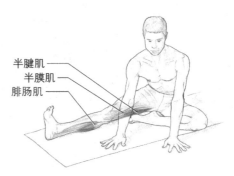

半腱肌
半膜肌
腓肠肌

变化动作
中级坐姿髋外旋肌、髋伸肌、膝屈肌和跖屈肌拉伸

　　改变中级坐姿髋外旋肌和伸肌拉伸，以增加对小腿的比目鱼肌、腘肌、趾长屈肌、姆长屈肌、胫骨后肌、腓肠肌和跖肌的拉伸，形成一种组合拉伸。坐着，将右腿朝前方伸直。弯曲左膝，将左足平放在右腿内侧，离骨盆区域尽可能近。朝右膝（伸直的那条腿）弯曲躯干，直到开始感觉到轻微的拉伸（轻微的疼痛）。向前弯曲躯干时，伸出右手抓住右足，缓慢地朝膝关节的方向拉动脚趾（背屈位置）。

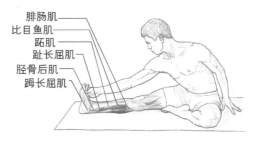

腓肠肌
比目鱼肌
跖肌
趾长屈肌
胫骨后肌
姆长屈肌

高级站姿髋外旋肌拉伸

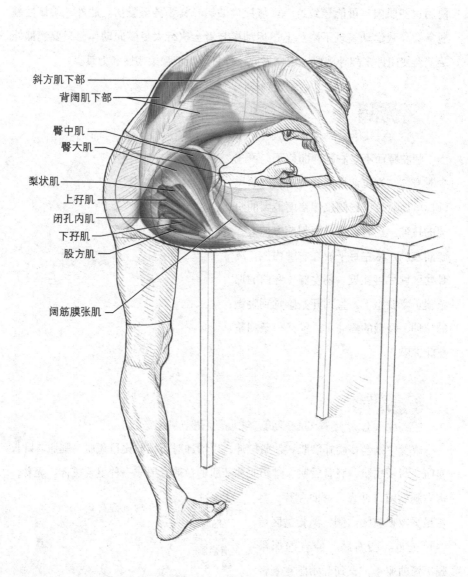

斜方肌下部

背阔肌下部

臀中肌

臀大肌

梨状肌

上孖肌

闭孔内肌

下孖肌

股方肌

阔筋膜张肌

拉伸步骤

1. 左腿伸直站立。面朝一个支撑面，例如桌面、沙发边缘或一个与髋部齐高或稍低的横梁。

2. 在髋部位置将右腿弯曲约90°，将其放在支撑面上。右小腿外侧尽可能平放在支撑面上。可在足部和右小腿下放一条毛巾或一个枕头作为缓冲。

3. 朝右足方向压低躯干，将右膝尽可能平放在支撑面上。

4. 另一条腿重复此拉伸。

目标肌肉

拉伸幅度最大的肌肉： 臀大肌、臀中肌、臀小肌、梨状肌、上孖肌、下孖肌、闭孔外肌、闭孔内肌、股方肌、竖脊肌下部（髂肋肌、最长肌、棘肌）、背阔肌下部

拉伸幅度较小的肌肉： 阔筋膜张肌、背阔肌下部、斜方肌下部

拉伸说明

某些类型的运动，常常导致髋部区域大范围的肌肉酸痛或紧绷。这常常是在一些运动中大量使用髋外旋肌造成的，例如滑冰、轮滑或自由式越野滑雪运动。髋外旋肌位于臀大肌下方的髋部深层组织中。

此拉伸比本章之前的拉伸更加高级。它是针对髋外旋肌的最佳拉伸之一。将弯曲的右腿放在支撑面上时，确保整条小腿都置于支撑面上。这个小腿位置有助于减小对膝关节的压力。此外，在弯曲的腿下方放置额外的软垫，会使你在进行此拉伸时感觉更加舒适。

一定要从髋关节的位置折叠躯干，将躯干向前、向下弯曲至极限。保持躯干挺直，不要让背部弯曲。朝右膝而不是左膝弯曲躯干，可减少对身体右侧拉伸幅度最大的肌肉的拉伸，增加对身体左侧拉伸幅度最大的肌肉的拉伸。

此外，慢慢增加右腿放置的高度（可能在每隔2～4星期后增加几厘米）会使拉伸程度增大。将桌面、长凳或其他支撑面增高到髋部上方30厘米，可最大限度地增加对这些肌群的拉伸。

躺姿髋外旋肌和伸肌拉伸

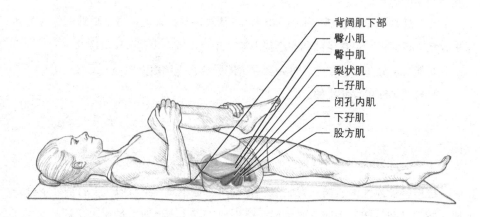

背阔肌下部
臀小肌
臀中肌
梨状肌
上孖肌
闭孔内肌
下孖肌
股方肌

拉伸步骤

1. 仰卧在舒适的地面上。

2. 向外侧旋转右腿时，弯曲右膝并将右足放在身体中线上。膝关节与胸部外侧对齐，朝向外侧。保持左腿平放在地面上，右手抓住右膝，左手抓住右脚踝。将小腿作为一个整体尽可能地朝胸部拉动。

3. 另一条腿重复此拉伸。

目标肌肉

拉伸幅度最大的肌肉： 臀大肌、梨状肌、上孖肌、下孖肌、闭孔外肌、闭孔内肌、股方肌、背阔肌下部、竖脊肌（髂肋肌、最长肌、棘肌）

拉伸幅度较小的肌肉： 臀中肌、臀小肌

拉伸说明

　　这是髋外旋肌和伸肌低压力拉伸的另一个版本。这些特殊的肌肉在从事不常见的活动或在承受了异常的压力后可能会酸痛或紧张。例如，与孩子或朋友参加即兴足球比赛时，需要冲刺、跳跃或突然变向，这很容易导致肌肉在活动结束后不舒服或疼痛。还有一些时候会感觉肌肉酸痛，但很难回想起可能是什么运动或具体动作导致的。在任何情况下，感觉肌肉酸痛或紧绷时，就应该开始拉伸受影响的肌肉了。如果不熟悉一整套拉伸动作，这是一个不错的初始拉伸。与本书中的许多拉伸一样，这套拉伸动作很容易坐着或躺着执行。

　　要最大限度地发挥此拉伸的效果，最好将脚踝尽可能朝头部方向拉动。这将最大限度地拉伸目标肌肉。另外，朝身体左侧或右侧稍微移动脚踝，将对这些髋部回旋肌中的多块肌肉施加一个额外的牵拉力。当你尝试任何新的或不习惯的动作时，就像此拉伸的变化动作一样，一定要考虑安全保护措施。在此情况下，可用左手或毛巾在左膝下给予一定的额外支撑。膝关节处于屈曲位置时，例如在这个拉伸中，膝关节容易受伤，尤其是在尝试新动作期间，这一点一定要注意。

髋外旋肌和背伸肌拉伸

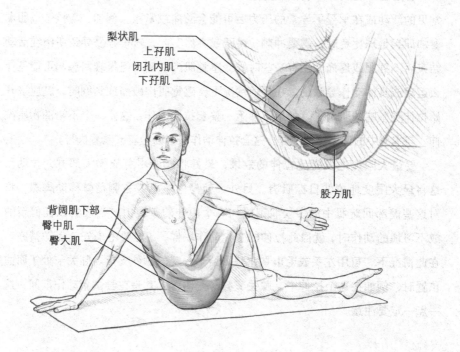

梨状肌
上孖肌
闭孔内肌
下孖肌
股方肌
背阔肌下部
臀中肌
臀大肌

拉伸步骤

1. 坐在地上，左腿伸直。

2. 弯曲右腿，将右足放在左膝外侧。

3. 抬起左臂，将左肘外侧靠在抬起的右膝外侧。

4. 右臂支撑在右髋部后方的地面上。

5. 用左肘抵住右膝，尽可能向右旋转躯干。左肘保持足够的力度，使右膝保持稳定。

6. 另一条腿重复此拉伸。

目标肌肉

拉伸幅度最大的右侧肌肉：臀大肌、臀中肌、臀小肌、梨状肌、上孖肌、下孖肌、闭孔外肌、闭孔内肌、股方肌、背阔肌下部、竖脊肌（髂肋肌、最长肌、棘肌）

拉伸幅度较小的左侧肌肉：臀大肌、臀中肌、竖脊肌（髂肋肌、最长肌、棘肌）、背阔肌下部

拉伸说明

这种低强度的拉伸非常适合腰背部和髋部疼痛的人。腰背部问题可能在所有成年人中都很常见，而且随着年龄增大会变得更加普遍。这个区域的疼痛可归因于一种特定的损伤，或者可能是长时间使用背部肌肉而累积形成的。腰背部疼痛和不适的另一个原因是背部和腹部肌肉松弛，或者这两个肌群之间的肌肉不平衡。此情况也可能将疼痛感延伸到骨盆区域，可能限制人们舒适地完成日常任务。要帮助减轻此疼痛和不适，执行这一低强度拉伸非常有益。定期使用此拉伸将强化这一区域，有助于降低疼痛在未来复发的概率。

进行此拉伸时，尝试保持躯干挺直。不要弓背或塌腰。请注意缓慢地旋转躯干，这有助于控制对目标肌肉的拉伸量。用左肘抵住右膝，保持这个姿势。

初级站姿屈膝髋内收肌拉伸

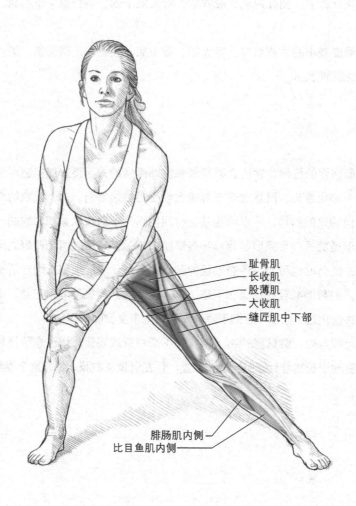

耻骨肌
长收肌
股薄肌
大收肌
缝匠肌中下部

腓肠肌内侧
比目鱼肌内侧

拉伸步骤

1. 双腿分开站立，两腿间距超过肩宽，左脚外撇。
2. 将髋部下压到半蹲位置，弯曲右膝，左脚向左侧滑出以保持左膝伸直。
3. 将双手放在右膝上进行支撑和保持平衡，或者紧握一个物体来保持平衡。
4. 另一条腿重复此拉伸。

目标肌肉

拉伸幅度最大的肌肉：股薄肌、大收肌、长收肌、短收肌、耻骨肌、缝匠肌中下部、半腱肌、半膜肌

拉伸幅度较小的肌肉：腓肠肌内侧、比目鱼肌内侧、趾长屈肌

拉伸说明

这是拉伸大腿内侧肌肉最容易的方式之一。大部分人在正常的日常活动中都不会大量使用大腿内侧肌肉。因此，这些肌肉可能比大腿和髋部区域的其他肌肉更松弛，也更容易疲劳。偶尔参加一些活动，例如在丘陵地带行走或跑步、上下楼梯，或者与好友和邻居进行足球比赛，有时会导致大腿内侧肌肉抽搐，这是一种疲劳的迹象。如果发生此情况，建议拉伸受影响的肌肉几分钟，让它们放松。在大部分情况下，这些运动可在拉伸后继续进行。这里应注意到，在开始任何类型的练习、运动或重体力活动之前，进行一系列轻微的拉伸总是有好处的。这会降低身体的肌群发生损伤或不适的可能性。

进行此拉伸时，尽可能伸直躯干。将身体重量放在左脚内侧会更舒服。要增加拉伸量，可将躯干向右弯曲，同时双手下压右侧大腿。

高级坐姿髋内收肌拉伸

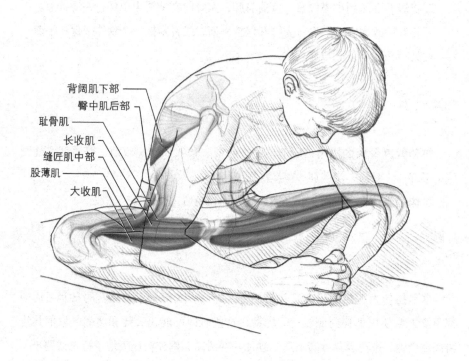

背阔肌下部
臀中肌后部
耻骨肌
长收肌
缝匠肌中部
股薄肌
大收肌

拉伸步骤

1. 盘腿坐在地上——双膝弯曲，双脚脚底接触。

2. 让脚跟尽可能靠近臀部（距离取决于身体柔软程度）。

3. 抓住双脚或脚踝上方，双肘朝侧边摊开，并接触膝关节靠下的位置。

4. 朝双脚方向弯曲躯干，在拉伸时用双肘向下压大腿下半部分和膝关节。

目标肌肉

拉伸幅度最大的肌肉：股薄肌、大收肌、长收肌、短收肌、耻骨肌、缝匠肌中部、竖脊肌下部（髂肋肌、最长肌、棘肌）、背阔肌下部

拉伸幅度较小的肌肉：臀大肌、臀中肌后部

拉伸说明

此拉伸的目标肌肉（短收肌、长收肌、大收肌、股薄肌、缝匠肌和耻骨肌）位于髋部和大腿内侧。这些肌肉很大，并负责髋内收（即将双腿朝身体中线拉动）的运动。在一些竞赛或娱乐活动中会大量使用髋内收肌，例如滑冰、轮滑和自由式越野滑雪。大部分人仅偶尔或季节性地参加这些活动。除非定期进行健身训练，否则一般人很容易在活动后感到髋部和大腿内侧的肌肉酸痛或紧绷。为防止这些症状变得更加严重，推荐在活动之前、期间（如果有必要）和之后拉伸这些肌肉。

对目标肌肉的拉伸程度取决于脚踝与臀部之间的距离。脚踝离臀部越近，拉伸程度越大。此外，对这些内收肌的拉伸量可由双肘施加在大腿下半部分和膝关节上的压力来控制。可通过抓住双脚并使用它们作为杠杆来向前拉动躯干，进一步加强此拉伸。此技术不仅可拉伸髋内收肌，还可有效地拉伸腰背部肌肉。将脚踝放在离臀部约 30 厘米的位置，可增加对臀大肌、臀中肌和竖脊肌的拉伸，对内收肌群的起点进行最大程度的拉伸。

坐姿髋内收肌和伸肌拉伸

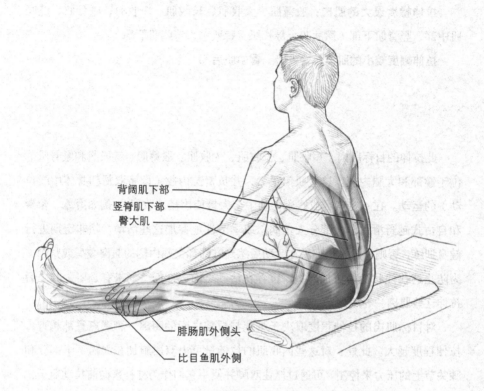

背阔肌下部
竖脊肌下部
臀大肌

腓肠肌外侧头

比目鱼肌外侧

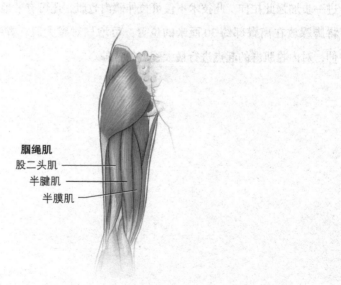

腘绳肌
股二头肌
半腱肌
半膜肌

拉伸步骤

1. 舒适地坐在地上，双腿伸直呈 V 字形，双脚尽可能张开。
2. 将双手放在大腿两侧的地上。
3. 将双膝伸直且尽可能平放在地面上。
4. 沿双腿向前滑动双手，朝双膝之间俯身。

目标肌肉

拉伸幅度最大的肌肉：半腱肌、半膜肌、股薄肌、大收肌、长收肌、臀大肌、竖脊肌下部（髂肋肌、最长肌、棘肌）、背阔肌下部

拉伸幅度较小的肌肉：比目鱼肌外侧、腓肠肌外侧头、跖肌、股二头肌

拉伸说明

这是一种针对大腿内侧部分（内收肌群），以及大腿后内侧肌肉（半膜肌和半腱肌）的更高级的拉伸。此外，它对腰背部的肌肉组织也有好处。由于此拉伸的姿势（双腿同时伸展），建议身体的这一区域拥有良好柔韧性的人进行此拉伸。

在热身时保持双膝稍微弯曲。肌肉变热后，可将双膝伸直。若要最大限度地拉伸，不要弯曲双膝、前倾骨盆或弓背。另外，将整个躯干向前弯曲，并保持躯干在双腿之间。

改变躯干的位置会改变拉伸的部位。例如，缓慢地朝右膝上方移动躯干，会更多地拉伸右侧髋伸肌、右侧腰背部肌肉和左腿内收肌群。相反，朝左膝上方移动躯干，会着重拉伸左侧髋伸肌、左侧腰背部肌肉和右腿内收肌群。

变化动作

借助脚趾牵拉的坐姿髋内收肌和伸肌拉伸

抓住脚趾可以增加此拉伸的难度，进而通过拉伸更多的肌肉来提升拉伸的效果——不仅可拉伸小腿、腘绳肌、髋部后侧、腰背部、肩部和手臂肌肉，还可同时拉伸身体左右两侧的肌肉。拉伸的程度取决于你把脚趾拉向膝关节和胫骨的力度。进行坐姿髋内收肌和伸肌拉伸的第 1 ~ 3 步后，第 4 步中抓住双脚脚趾并将其朝头部方向拉动。

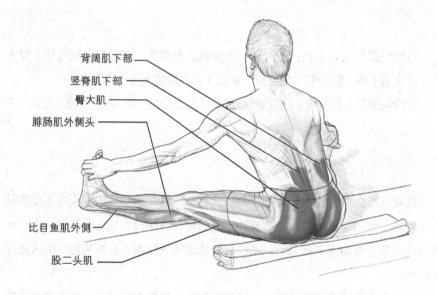

背阔肌下部
竖脊肌下部
臀大肌
腓肠肌外侧头
比目鱼肌外侧
股二头肌

5

第 5 章
躯干下部

　　12节胸椎、5节腰椎、骶骨、肋骨和髋骨，连同关联的肌肉和韧带，构成了柔软的躯干框架。脊椎骨和其他骨头、肌肉和韧带协同来支撑和移动躯干。与颈部一样，躯干的椎骨（椭圆形的骨头）由后侧和前侧的韧带，以及其他一些韧带来连接，这些韧带将每个棘突和横突（侧面的骨隆突）连接到邻近椎骨上的相应部分。此外，每两节椎骨由一个椎间盘分隔。椎骨对椎间盘的压迫，使躯干可以在有限的活动范围内向前、向后和向侧面移动。

　　躯干运动包括屈曲（将胸部和大腿朝相对方向移动）、伸展（将胸部和大腿朝相反方向移动）、过度伸展（将躯干从站立位朝后移动）、侧屈（向一侧弯曲，使肩关节向同侧髋关节移动）、侧向伸展（弯曲以增加肩部与同侧髋部之间的距离）和旋转。

　　因为躯干中的许多肌肉都是左右成对的，所以躯干上的一块肌肉可以参与侧屈、侧伸和扭转。例如，右侧腹外斜肌和腹内斜肌有助于执行右侧屈，左侧腹外斜肌和腹内斜肌有助于执行左侧伸。躯干下部运动牵连的一些肌肉位于髋骨与脊柱或胸腔之间。

　　腹部的腹外斜肌、腹内斜肌、腹直肌（图5.1）和腰方肌（图5.2a）通过

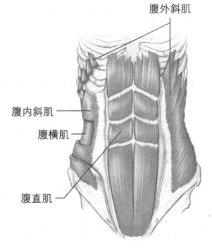

图 5.1　腹部肌肉

腹外斜肌

腹内斜肌

腹横肌

腹直肌

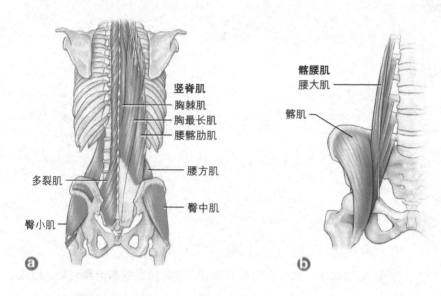

竖脊肌
胸棘肌
胸最长肌
腰髂肋肌

多裂肌

臀小肌

腰方肌

臀中肌

髂腰肌
腰大肌

髂肌

(a)

(b)

图 5.2 核心肌群：（a）后侧；（b）前侧

朝骨盆方向拉动胸腔来屈曲躯干。髂肌（图 5.2b）是一块躯干屈肌，它朝骨盆方向拉动股骨（大腿骨）。腰大肌是另一块躯干屈肌，它朝股骨方向拉动脊柱。主要的躯干伸肌（腰髂肋肌、胸最长肌和胸棘肌）统称为竖脊肌。腰髂肋肌位于骨盆后侧与脊柱后侧之间，而胸最长肌和胸棘肌沿脊柱后侧伸展，帮助脊柱中的各节椎骨作为一个整体来运动。棘间肌、横突间肌、多裂肌和回旋肌位于各个椎骨之间，通过在各对或各组椎骨之间进行小幅度调整来引起较大的动作。

　　限制躯干移动的因素包括收缩肌的力量、相反韧带的僵硬度、非收缩肌的僵硬度、椎体与相邻椎骨的相互位置、椎间盘的压缩性，以及身体各部位之间的接触。例如，躯干前屈受躯干后侧肌肉的僵硬度、躯干后侧韧带的僵硬度、躯干前侧肌肉的力量、椎体与相邻椎骨的相对位置、椎间盘前侧部分的压缩性、下巴或胸腔与腿的接触，以及腹部脂肪的限制。类似地，躯干后伸受躯干前侧肌肉的僵硬度、躯干前侧韧带的僵硬度、躯干伸肌的力量、椎体与相邻椎骨的相对位置，以及椎间盘后侧部分的压缩性的限制。除了所列出的影响屈伸的因素，躯干横向运动还受每节椎骨的横突与相邻横突的撞击的限制。躯干旋转受脊柱韧带的僵硬度、旋转一侧的肌肉力量、另一侧的肌肉僵硬度，以及身体组织和它们的大小的限制。例如，向左转体受无力的左侧肌肉和过紧的右侧肌肉的限制。

　　许多背部肌肉僵硬的人发现，拉伸有助于减轻一些疼痛。背部肌肉或躯干伸肌不是影响背部疼痛的唯一躯干下部肌肉。人们常常发现后仰（躯干过伸）可减轻背部疼痛，因为此动作可拉伸腹部肌肉（躯干屈肌）。这表明柔软的躯干屈肌也很重要。而且，许多体育运动都需要旋转身体，例如高尔夫球、网球和投掷项目。旋转身体涉及躯干伸肌、屈肌和侧屈肌。扩大所有躯干下部肌肉的活动范围，可增加转体的范围，从而提升在涉及这些动作的运动中的表现。

　　腰背部的过伸（后仰）和过屈（弯腰）具有潜在的危险，尤其是如果腹部、大腿和臀部肌肉过于松弛，进行后滚翻动作可能对颈椎（颈部）很危险。潜在的损伤包括过度挤压椎间盘、脊柱关节相互挤压，以及挤压从腰椎伸出的脊神经。如果选择进行这些拉伸，那么需要比其他大部分拉伸动作更加渐进地增加拉伸强度。另外，要在后滚翻期间避免压迫颈部，可保持肩胛骨与地面接触。

初级站姿髋屈肌拉伸

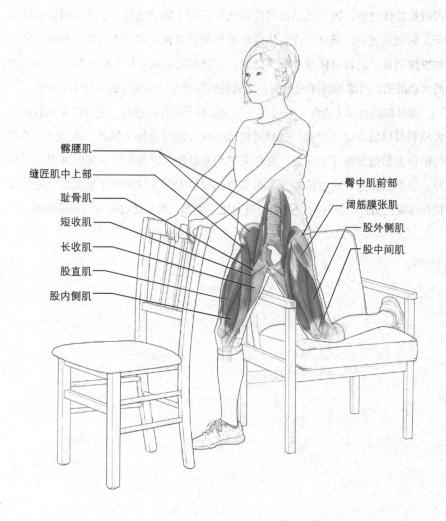

髂腰肌

缝匠肌中上部

耻骨肌

短收肌

长收肌

股直肌

股内侧肌

臀中肌前部

阔筋膜张肌

股外侧肌

股中间肌

拉伸步骤

1. 站立位，左腿放在沙发或扶手椅上，坐垫高度与膝关节齐平，或者稍微低于膝关节。

2. 另外放一把椅子，椅背面向拉伸者，用于支撑。

3. 保持右腿伸直，左膝弯曲约 90 度，放置于沙发或扶手椅上。

4. 抓住前面的椅背，保持平衡。

5. 抓住椅背的同时，缓慢地将髋部向前移动。

6. 另一条腿重复此拉伸。

目标肌肉

拉伸幅度最大的肌肉：股四头肌（股直肌、股内侧肌、股中间肌、股外侧肌）、髂腰肌、阔筋膜张肌、缝匠肌中上部

拉伸幅度较小的肌肉：耻骨肌、臀中肌前部、短收肌、长收肌

拉伸说明

人们经常会因为某些类型的运动，特别是在日常运动或锻炼中增加新的运动模式后，前髋出现周期性的肌肉酸痛或紧绷现象。数月或数年之后重新开始一项运动也很容易产生肌肉酸痛。如果在进行运动或锻炼时肌肉酸痛症状加剧，就应该休息并拉伸一下受到影响的肌群。

把弯曲的腿放在支撑面上时，为了达到理想的高度，可以使用额外的坐垫，确保整个小腿都放置在垫子上。这样可以最大限度地减少小腿和膝关节的压力，同时更有效地拉伸髋屈肌。此外，在弯曲的腿下放软垫会使你在拉伸时感到更舒适。

将髋部作为一个整体缓慢向前移动，同时紧握前面的椅背，这样可以增加拉伸程度。当柔韧性提高后，可以试着慢慢向后伸展下背部，同时向前移动髋部，以增强拉伸效果。此外，稍微向外或向内旋转躯干可以分别加强对大腿内侧或外侧区域的拉伸。

中级髋屈肌拉伸

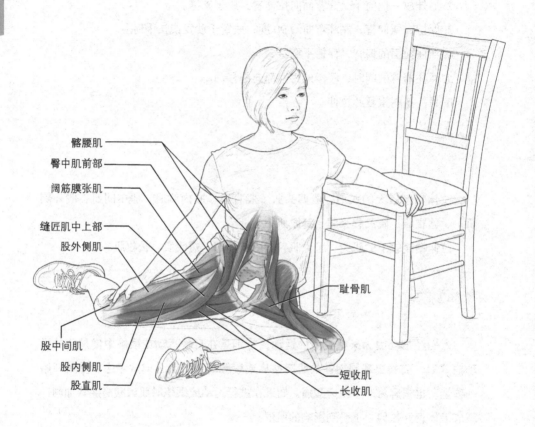

髂腰肌

臀中肌前部

阔筋膜张肌

缝匠肌中上部

股外侧肌

耻骨肌

股中间肌

股内侧肌

股直肌

短收肌

长收肌

拉伸步骤

1. 坐在沙发、床或扶手椅旁边的地板上。

2. 左腿位于身体前面，左膝弯曲至 90° 以下，左腿外侧平放在地板上。

3. 右腿位于身体后面，膝关节弯曲，膝关节内侧和小腿尽量向后放在地板上，以舒服为主。

4. 将上半身左侧靠在沙发、床或扶手椅上，左臂放在椅面上以获得支撑和保持平衡。

5. 保持上半身直立，靠近沙发、床或扶手椅，整个髋部慢慢向前移动。

6. 尝试伸直右膝，右腿尽可能向后滑动。

7. 另一条腿重复此拉伸。

目标肌肉

拉伸幅度最大的肌肉：髂腰肌、耻骨肌、阔筋膜张肌、股直肌、股内侧肌、短收肌、长收肌、缝匠肌中上部

拉伸幅度较小的肌肉：臀中肌前部、股中间肌、股外侧肌

拉伸说明

这是一个有效拉伸髂腰肌（髂肌和腰大肌）的动作。对一些人（尤其是男性）来说，刚开始做这个拉伸动作可能会很困难，但练习一周左右，就会逐渐变得容易。由于女性的骨盆比男性的骨盆更短、更大、更宽，这种拉伸动作对女性来说比男性更容易。如果上半身靠近沙发、床或扶手椅，并尽可能保持上半身直立，将整个髋部缓慢向前移动时，拉伸效果会更好。当柔韧性提高后，可以试着慢慢向后伸展背部，并向前移动髋部，以增强拉伸效果。稍微向内旋转上半身就更能拉伸到髂腰肌。

这种拉伸运动很容易，一天可以多做几次，尤其是在阅读、看电视或者放松的时候。

高级髋屈肌拉伸

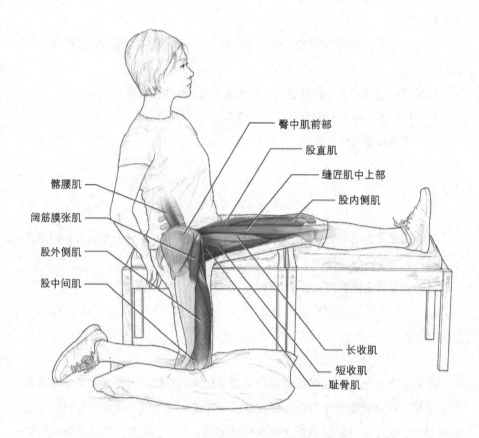

臀中肌前部

股直肌

缝匠肌中上部

股内侧肌

髂腰肌

阔筋膜张肌

股外侧肌

股中间肌

长收肌

短收肌

耻骨肌

拉伸步骤

1. 坐在沙发或床的边缘，左腿向前伸，在沙发或床表面上伸直。

2. 在沙发或床旁边的地板上放一个枕头或垫子。

3. 右膝弯曲，将右膝和小腿放在枕头或垫子上。

4. 双手放在髋部和上半身后面的沙发或床上。

5. 将手臂和手放在髋部后面的沙发或床表面上支撑躯干的重量，尽可能使躯干从髋关节向后缓慢且舒适地伸展。

6. 另一条腿重复此拉伸。

目标肌肉

拉伸幅度最大的肌肉：髂腰肌、阔筋膜张肌、股四头肌（股直肌、股内侧肌、股中间肌、股外侧肌）、缝匠肌中上部

拉伸幅度较小的肌肉：耻骨肌、臀中肌前部、短收肌和长收肌

拉伸说明

这是髋屈肌的高级拉伸姿势。你可以在看电视或听音乐时坐在沙发或床上进行这个动作。坐在柔软的表面上有助于你拉伸时感觉更加舒适和放松。在右膝和小腿处放一个枕头，会更加舒适。将右腿向后拉伸，自主控制拉伸量。随着柔韧性的增强，身体可以向后靠得更远，将重量放在肘部而不是手上。当柔韧性增强后，你会发现你能够把右腿向后伸得更远。另外，慢慢向前移动髋部，可以控制髋屈肌的拉伸量。可以通过上半身向后移动、右腿向后伸展、髋部向前移动的组合方式来增加拉伸强度。

如果你的大腿前外侧或前内侧肌肉感到酸痛或紧张，可以考虑在向后伸展上半身时，同时旋转上半身以远离内侧肌肉（顺时针旋转右侧）来突出对内侧肌肉（髂腰肌、股内侧肌和耻骨肌）的拉伸。为了将大部分的拉伸重点放在外侧肌肉（股外侧肌和阔筋膜张肌）上，在向后伸展上半身时，同时旋转上半身以远离外侧肌肉（逆时针旋转右侧）。

仰卧躯干下部屈肌拉伸

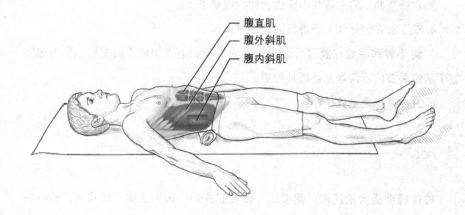

腹直肌
腹外斜肌
腹内斜肌

拉伸步骤

1. 仰卧在地面上。
2. 在腰背部与地面之间放一条卷起来的毛巾（直径 2.5～5 厘米）。

目标肌肉

拉伸幅度最大的肌肉： 腹直肌、腹外斜肌、腹内斜肌
拉伸幅度较小的肌肉： 腰方肌、腰大肌、髂肌

拉伸说明

　　尽管许多人认为拥有紧绷的腹肌能改善体形，但紧绷的腹肌可能给身体带来非常大的副作用。首先，紧绷的腹肌是腰背部疼痛的主要原因。腹肌紧绷时，这些肌肉会向上拉耻骨，并导致骨盆顶部后倾。随着时间的推移，上背部肌肉将会松弛和过度拉长，导致腰部曲线变平，这会增加对腰椎关节和椎间盘的压迫。持续拉伸和压迫这些椎间盘会导致慢性疼痛。其次，腹部肌肉紧张时，腹腔和盆腔的容积将减小。这会对腹腔内的器官形成压迫，迫使它们朝胸腔移动，进而减小胸腔的容积。结果，呼吸、消化、排泄和性功能都会受到影响。最后，在腹肌紧绷的情况下运动可能导致扭伤、撕裂以及疝气。

　　建议腰椎前凸或腹肌无力的人做此拉伸，因为向后伸展腰背部对这些人具有潜在的危险。因为在此运动中腰背部得到了支撑，所以减少了对脊柱的压力。但是，背部支撑物的宽度很重要。卷起来的毛巾直径越大，减少的压力越大。确保上背部、肩胛骨和臀部舒适地放在地上。另外，收紧臀部将减少对腰背部的压力。

俯卧躯干下部屈肌拉伸

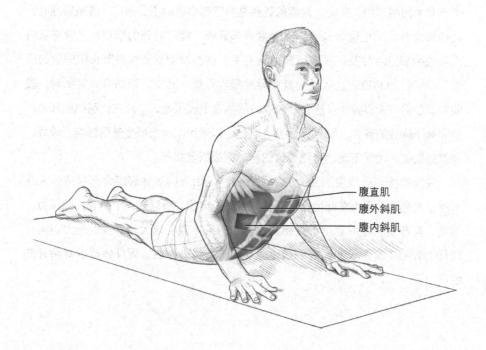

腹直肌
腹外斜肌
腹内斜肌

拉伸步骤

1. 俯卧在地上（面朝下）。
2. 双手手掌撑地，指尖朝前。
3. 缓慢地向后伸展背部，收缩臀部。
4. 随着将头和胸部抬离地面，继续向后伸展背部，不要耸肩。

目标肌肉

拉伸幅度最大的肌肉：腹直肌、腹外斜肌、腹内斜肌

拉伸幅度较小的肌肉：腰方肌、腰大肌、髂肌、回旋肌、横突间肌

拉伸说明

长时间驾车或坐在桌旁工作的人倾向于身体前倾，弯曲上背，这也会使腹肌僵硬，仿佛穿上了收腹衣。这种对腹腔和盆腔的压迫可能导致背部肌肉退化、限制呼吸，以及妨碍内脏（例如胃、肠、肝、胰腺）的工作。这些肌肉紧张时，隔膜无法下降，胸腔无法扩张。呼吸不畅可能导致慢性疲劳、抑郁、哮喘，以及其他血氧不足导致的后果。另外，腹腔中的器官在有限的空间内无法有效工作，肾脏和膀胱功能可能减弱，子宫可能下垂，可能增加对前列腺的压迫和减少流往前列腺的血流。

记住，在腹肌薄弱的情况下，向后伸展腰背部是有潜在危险的。向后伸展腰背部的损伤包括过度挤压椎间盘、挤伤脊柱关节和压迫从腰椎伸出的脊神经。因此，仅建议肌肉非常僵硬的人做此拉伸。做此拉伸时，最低限度地向后伸展背部，确保在向后伸展时收紧臀部以减少对腰背部的压迫。

站姿躯干下部屈肌拉伸

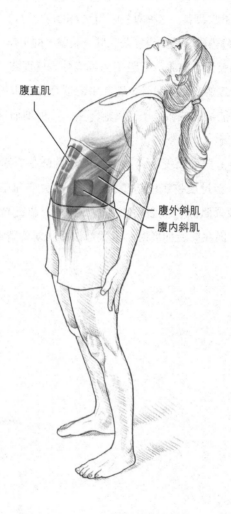

腹直肌

腹外斜肌
腹内斜肌

拉伸步骤

1. 站立位，两腿分开 60 ～ 90 厘米，双手放在臀部两侧。

2. 缓慢向后伸展背部，收缩臀部并向前推髋部。

3. 随着继续向后伸展背部，后仰头部，并将双手从臀部向大腿方向下滑。

目标肌肉

拉伸幅度最大的肌肉：腹直肌、腹外斜肌、腹内斜肌
拉伸幅度较小的肌肉：腰方肌、腰大肌、髂肌

拉伸说明

这项运动有潜在的危险，尤其是对于腰椎前凸或腹肌松弛的人。此运动可能加剧腰椎前凸，导致过度挤压椎间盘、挤伤脊柱关节和压迫从腰椎伸出的脊神经。仅建议肌肉非常僵硬且没有腰椎前凸的人做此拉伸。另外，仅建议在其他腰背部屈肌拉伸无法带来任何改善时做此运动。做此拉伸时，最低限度地向后伸展背部，确保在伸展时收紧臀部以减少对腰背部的压迫。

坐姿躯干下部伸肌拉伸

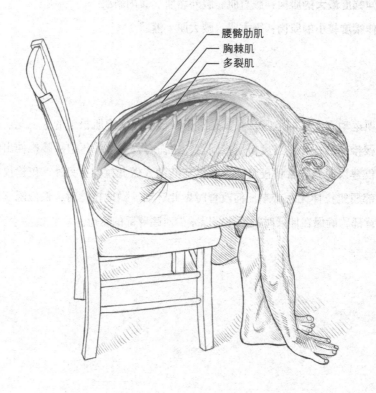

腰髂肋肌
胸棘肌
多裂肌

拉伸步骤

1. 端坐在椅子上，双腿分开。

2. 缓慢地弯曲上背部并开始前倾。

3. 继续弯曲腰部，将头部和腹部降低到双腿之间直至大腿下方。

目标肌肉

拉伸幅度最大的肌肉： 腰髂肋肌、多裂肌

拉伸幅度较小的肌肉： 棘间肌、回旋肌、胸棘肌

拉伸说明

　　如果姿势错误，简单的日常活动都可能导致背部肌肉紧张，例如清扫房屋、打理花园、举起重物和锻炼。不当的姿势包括低头垂肩地坐在椅子上、以不直立的姿势站立，以及在举重时让膝关节绷直。所有这些动作都可能过度使用或过度拉伸背部肌肉，从而导致肌肉紧张。背部肌肉紧张的另外两个常见原因是有意识的心理压力和潜意识里被压抑的情绪。压力会导致背部肌肉在战斗或逃跑反应中紧绷，进而过度使用这些肌肉，从而削弱肌肉对脊柱的支撑。在短期内，背部拉伸运动可通过减轻压力来减少这些问题。从长远来讲，这些运动会让背部肌肉更强和更长，从而降低过度使用和过度拉伸的概率。

　　记住，过屈可能损伤脊髓。做此运动时，缓慢地进行，不要让背部变直。另外，如果臀部抬离椅子，拉伸效果会显著减弱。

变化动作

坐姿躯干下部伸肌和侧屈肌拉伸

　　将躯干朝一侧膝关节弯曲将增加对躯干下部伸肌的拉伸，并可在一定程度上拉伸躯干侧屈肌。端坐在椅子上，双腿分开。缓慢地向下弯曲上背部并开始前倾。前倾过程中，继续弯曲腰部，将头部和腹部朝右侧膝关节下压。最后，缓慢地将头部下压到右侧膝关节下方。左侧膝关节重复此过程。

躯干下部伸肌拉伸

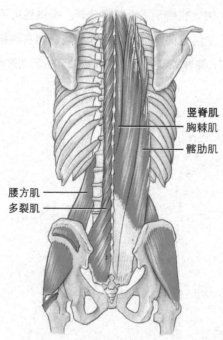

竖脊肌
胸棘肌
髂肋肌

腰方肌
多裂肌

拉伸步骤

1. 仰卧在地上，张开双腿。
2. 弯曲膝关节和髋关节，将膝关节向胸部方向下压。
3. 双脚在脚踝处交叉，分开双膝，使它们至少与肩同宽。
4. 抓住大腿内侧，将双腿向胸部方向拉动。

目标肌肉

拉伸幅度最大的肌肉：髂肋肌、多裂肌

拉伸幅度较小的肌肉：棘间肌、回旋肌、胸棘肌

拉伸说明

一些人发现，执行坐姿躯干下部伸肌拉伸时，他们无法在不收缩背部肌肉的情况下缓慢前倾。在执行拉伸时保持肌肉收缩，会显著削弱拉伸效果。因为双腿比躯干更轻，所以可能躺着更容易做此拉伸。另外，因为过屈可能损伤脊髓，此拉伸可能比坐姿躯干下部伸肌拉伸更安全。躺姿躯干下部伸肌拉伸更容易缓慢地进行并且不让背部变直。通过将双腿向胸部下压，可以轻松地将臀部抬离地面，使脊柱弯曲以预防背部变直。最后，不要尝试将双膝朝胸的方向下压得太多（不要尝试使膝关节接触地面），因为这可能消除此拉伸的安全优势。

初级躯干下部侧屈肌拉伸

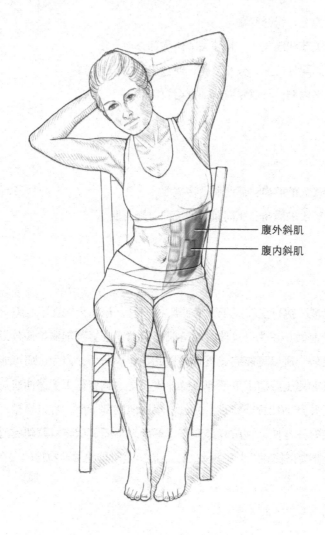

腹外斜肌
腹内斜肌

拉伸步骤

1. 端坐在椅子上。

2. 双手交叉并放于头后，双肘与肩部尽量成一条直线。

3. 保持双肘靠后且在一条直线上，向侧面弯曲腰部，并朝右髋部移动右肘。

4. 另一侧重复此拉伸。

目标肌肉

拉伸幅度最大的肌肉：腹外斜肌、腹内斜肌、回旋肌
拉伸幅度较小的肌肉：横突间肌、多裂肌、腰方肌

拉伸说明

研究表明，无法进行侧屈是复发性非特异性下背部疼痛和损伤的一个风险指标。另外，在最大距离或力度上执行头顶动作的运动员需要具备柔软的侧屈肌，例如棒球运动员、橄榄球四分位和标枪运动员。侧屈肌对头顶击球（例如球拍运动中的发球和扣球）和在手抬到尽可能高时击球（例如篮球运动中的扣篮或排球运动中的扣球）也很重要。体操运动员、现代舞舞者和芭蕾舞舞者，以及潜水员的这些肌肉都需要保持放松。此外，紧绷的侧屈肌可能导致某种形式的脊柱侧弯。腰方肌唯一的功能是侧屈躯干，这块肌肉的紧绷会导致脊柱失去横向稳定性，从而导致脊柱向左或右弯曲。

腰部的屈伸将减弱此拉伸的效果。另外，应保持臀部和大腿与椅子完全接触。肘部离地面越近，越难在椅子上坐稳。将小腿和足部缠绕在椅腿上，将有助于保持臀部和大腿与座位的接触。

中级躯干下部侧屈肌拉伸

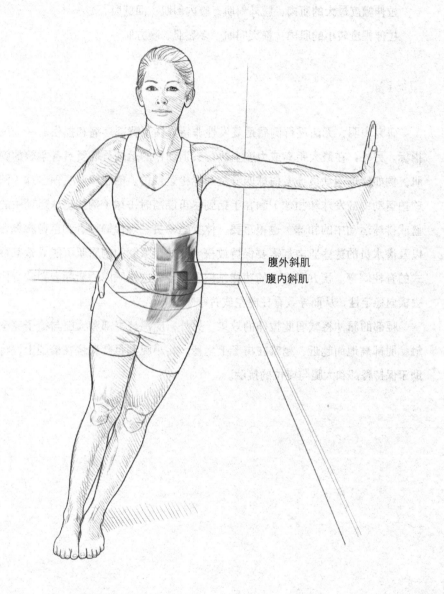

腹外斜肌
腹内斜肌

拉伸步骤

1. 双脚并拢直立站立，身体左侧面向一面墙，离墙约一臂距离。
2. 将左手手掌放在墙上与肩等高的位置。将右手掌跟放在右髋关节上。
3. 保持双腿伸直，收缩臀部，朝墙的方向轻微地移动髋部。
4. 用右手朝墙的方向推右髋部。
5. 另一侧重复此拉伸。

目标肌肉

拉伸幅度最大的肌肉：腹外斜肌、腹内斜肌、回旋肌

拉伸幅度较小的肌肉：横突间肌、多裂肌、腰方肌

拉伸说明

许多运动都依赖于躯干侧屈，这样的运动对身体一侧的压力比另一侧更多，因此身体两侧很容易变得不平衡。经常活动的一侧的肌肉可能由于过度使用而变得紧绷。长时间不活动的一侧的肌肉可能变短。举重也可能导致身体两侧不平衡，尤其是如果一侧身体更强；参与武术和足球等身体会受到强力撞击的运动也可能导致身体两侧不平衡。此运动比初级躯干下部侧屈肌拉伸更适合恢复柔韧性，因为拉伸者处于与进行各种体育运动时相似的站立姿势。

做此运动时很容易失去平衡，因此请站在防滑的地面上。保持左臂伸直，但不要让肘部紧绷。你可以让双脚远离墙壁，或者将左前臂而不是左手（或将二者都）放在墙上，来增加拉伸强度。

高级站姿躯干下部侧屈肌拉伸

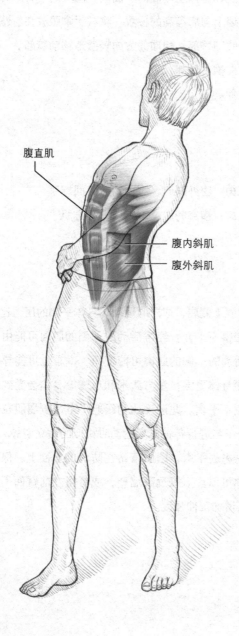

腹直肌

腹内斜肌

腹外斜肌

拉伸步骤

1. 站立位，双腿分开 60～90 厘米，右脚在左脚前方约 30 厘米处。
2. 将双手放在右髋部附近。
3. 缓慢地向后伸展背部，收缩臀部并前推髋部。
4. 随着继续伸展背部，向左侧旋转躯干，朝右后侧扭头。
5. 双手滑过右臀部，滑向右腿。
6. 另一侧重复此拉伸。

目标肌肉

拉伸幅度最大的肌肉：腹直肌、腹外斜肌、腹内斜肌
拉伸幅度较小的肌肉：腰方肌、腰大肌、髂肌、回旋肌、横突间肌

拉伸说明

这个拉伸具有潜在的危险性，尤其是对于腰椎前凸或腹肌松弛的人。此运动可能会加剧腰椎前凸，导致过度挤压椎间盘、挤伤脊柱关节和压迫从腰椎伸出的脊神经。仅建议肌肉非常僵硬且没有腰椎前凸的人做此拉伸。另外，仅建议在其他腰背部屈肌拉伸动作无法带来任何改善时做此运动。做此拉伸时，最低限度地向后伸展背部，确保在伸展时收紧臀部以减少对腰背部的压迫。最后，在做此运动时很容易失去平衡，因此一定要小心。

6

第 6 章
手臂、手腕和手掌

肘关节是手臂的主要关节，它由 3 根骨头组成。肱骨是上臂的长骨，位于靠近身体的一端，而桡骨和尺骨是前臂的骨头，位于远离身体的一端。肘关节为铰链关节，因此只能屈和伸。屈曲肘关节的肌肉（肱二头肌、肱肌、肱桡肌、旋前圆肌）位于前面（正面，图 6.1），而伸肌［肘肌、肱三头肌（图 6.2）］位于后面（背面）。

帮助固定肘关节 3 根骨头的韧带是关节囊韧带、桡侧副韧带和尺侧副韧带。桡骨的名称源于它能在尺骨上滚动的能力，当手臂垂在身体两侧时，此能力使手掌能朝前（外旋）或朝后（内旋）。桡骨头通过环状韧带与尺骨相连。两块肌肉（肱二头肌和旋后肌）将前臂旋后，使双臂下垂时手掌朝前；两块肌肉（旋前圆肌和旋前方肌）将前臂旋前，使手掌朝后。

肘关节可屈曲的程度主要受上臂与前臂前侧肌肉，以及肱骨前侧远端与桡骨和尺骨前侧近端的限制。同时，肘伸肌的紧绷、肘屈肌的力量，以及关节囊韧带、桡侧副韧带和尺侧副韧带后侧部分的柔韧性，也控制着

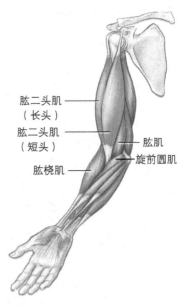

肱二头肌
（长头）

肱二头肌
（短头）

肱肌

旋前圆肌

肱桡肌

图 6.1 肱二头肌、肱肌、肱桡肌和旋前圆肌

肘关节的活动范围。可通过拉伸来改变这些影响因素。

　　尽管腕部的主要运动是屈伸，但腕关节是一个滑动关节，并不是铰链关节。其可以滑动是因为手腕由桡骨和尺骨的远端以及 8 块腕骨组成。因此，除了屈伸，手腕还可进行外展（手桡侧倾）和内收（手尺侧倾）。腕骨主要由各种关节囊、桡腕掌侧韧带和桡腕背侧韧带固定。有趣的是，控制手腕、手掌和手指运动的大部分肌肉都位于肘部或肘部附近。这导致肌腹靠近肘部，而肌腱穿过手腕并附着在腕骨、掌骨和指骨上。手腕和手掌上只有肌腱，可以避免随着肌肉力量增加而增加的肌肉体积使得手腕和手掌变得过于笨重。

　　类似于移动手肘的肌肉，所有腕屈肌（桡侧腕屈肌、尺侧腕屈肌和掌长肌）和大部分指屈肌（指深屈肌、指浅屈肌和拇长屈肌）都位于前臂前侧（图 6.3a）。相反，所有腕伸肌（桡侧腕短伸肌、桡侧腕长伸肌、尺侧腕伸肌、指总伸肌）和指伸肌（指总伸肌、小指伸肌、示指伸肌）都位于前臂后侧（图 6.3b）。沿着桡骨的肌肉（在名称中包含"桡侧"）可使手掌偏向桡骨侧，即手腕外展。沿着尺骨的肌肉（在名称中包含"尺侧"）可使手掌偏向尺骨侧，即手腕内收。这些肌肉的肌腱在穿过手腕之前，被称为屈肌支持带和伸肌支持带的厚组织带牢牢固定。这些肌腱从腕骨的支持带下穿过，位于腕管中。因为这些肌腱挤在一起，所以每根肌腱都被一层润滑的腱鞘包裹着，以减小摩擦。

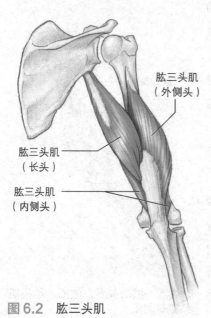

肱三头肌（外侧头）

肱三头肌（长头）

肱三头肌（内侧头）

腕关节屈曲、伸展、外展和内收的活动范围，都受主动肌的力量、拮抗肌的柔韧性、背侧韧带和掌侧韧带的紧张度，以及组成腕关节的骨头之间的撞击（仅在尺骨侧发生）的限制。有趣的是，除了组成腕关节的骨头之间的撞击，所有这些因素都可通过拉伸运动来改变。

图 6.2　肱三头肌

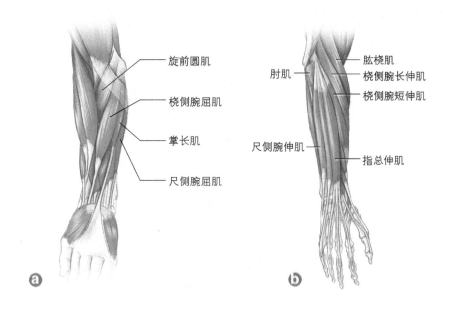

图6.3　前臂肌肉：（a）内侧；（b）外侧

拉伸移动肘部和腕部的肌肉，有助于减轻并且有时能防止过劳性损伤。因为紧绷的肌肉对反向的动作有更大的抵抗力，所以很容易损伤。腕伸肌紧张时，肘部的（外）侧面就会出现疼痛。在运动中，这种疼痛有时被称为网球肘。紧张的腕屈肌可能导致肘部另一侧（内侧）疼痛，这种疼痛常常被称为高尔夫球肘。另外，经常完全伸展或屈曲手腕所导致的腕伸肌和腕屈肌紧绷，还可能导致更大的摩擦、炎症和过劳性损伤，例如腕管综合征。从事静力性工作或常做精细动作（例如使用键盘、使用鼠标、做木工活或攀岩）的人容易遇到这种情况。为预防和减少此情况，康复专家鼓励人们在工作休息期间拉伸腕屈肌和腕伸肌，帮助加强和放松肌肉和肌腱。

肱三头肌拉伸

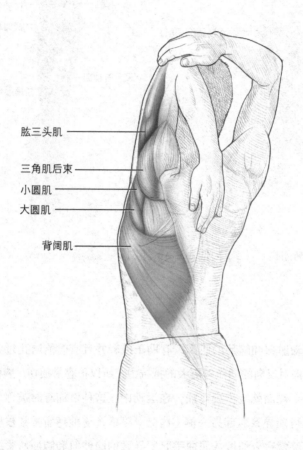

肱三头肌

三角肌后束

小圆肌

大圆肌

背阔肌

拉伸步骤

1. 坐在有靠背的椅子上或站立，左肘弯曲。

2. 抬高左臂，直到肘部位于左耳旁边，左手靠近右肩胛骨。

3. 用右手抓住左肘下方的上臂，朝头后和地面拉动左肘。

4. 另一只手臂重复此拉伸。

目标肌肉

拉伸幅度最大的肌肉：肱三头肌

拉伸幅度较小的肌肉：背阔肌、大圆肌、小圆肌、三角肌后束

拉伸说明

肘伸肌紧绷是网球肘或手臂运动期间肘外侧疼痛的主要原因。这种紧绷通常是过度使用或拉伤这些肌肉，或者在手肘完全伸展的时候对抗阻力所造成的。因此，任何使用这些肌肉的活动都可能导致这些肌肉紧张。 此拉伸不仅对网球运动员有好处，对游泳运动员也有好处。另外，如果肌肉被紧张的肘屈肌持续过度拉伸，或者手臂肌肉僵化（无法完全伸直手臂），也可能导致肌肉拉伤。

坐在有靠背的椅子上进行此拉伸运动，可以更好地保持平衡。在身体平衡时，可对肌肉施加更大的拉伸力。另外，不要过长时间地进行此拉伸运动，因为此拉伸会大大减少肩部的血流。

肘屈肌拉伸

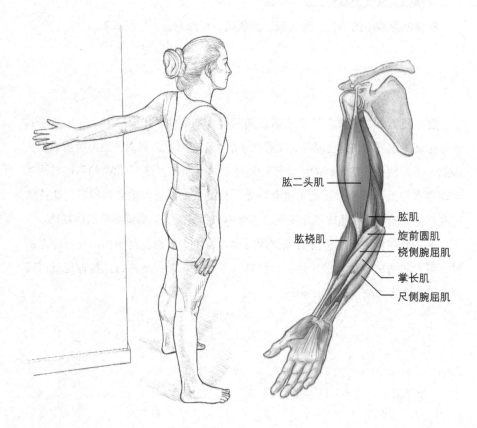

肱二头肌

肱肌
肱桡肌
旋前圆肌
桡侧腕屈肌
掌长肌
尺侧腕屈肌

拉伸步骤

1. 面朝门框内侧站立，与门框保持一只手臂的距离。

2. 将左臂抬高到与肩等高，保持左臂伸直。

3. 抓住门框最远的边缘，或将左手平放在门口的墙壁上。

4. 保持左肘和手腕伸直，躯干向门框方向旋转。

5. 另一只手臂重复此拉伸。

目标肌肉

拉伸幅度最大的肌肉：肱肌、肱桡肌、肱二头肌

拉伸幅度较小的肌肉：旋后肌、旋前圆肌、桡侧腕屈肌、尺侧腕屈肌、掌长肌

拉伸说明

这些屈肌很容易由于长时间弯曲肘部而变紧，例如搬运重箱子、弯举哑铃或杠铃时。这些肌肉紧张时，手臂无法完全伸直，这种人具有一种通常被称为肌肉僵硬的外观。这种紧张会导致肘内侧疼痛，这常常被称为高尔夫球肘。但是，这种疼痛不仅高尔夫球运动员会感觉到，也可能会发生在其他人身上，例如木匠、攀岩运动员、按摩师和举重运动员。另外，拉伸这些肌肉还可减轻腕管综合征患者的疼痛。

如果抓住牢固的立柱，更容易完成此拉伸。牢牢抓住立柱，使手不会沿立柱滑动，但不要抓得太紧，因为抓得太紧会消除对拉伸较少的肌肉的拉伸效果。另外，保持肘部伸直也比较困难，而伸直肘关节是有效拉伸的必要条件。虽然手臂抬到任何高度，此拉伸都会发挥作用，但是，最好将手臂抬至与肩等高，以保证所有肌肉都获得等量的拉伸。

肘和腕屈肌拉伸

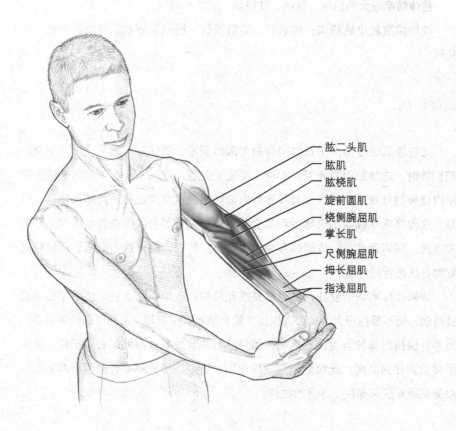

肱二头肌
肱肌
肱桡肌
旋前圆肌
桡侧腕屈肌
掌长肌
尺侧腕屈肌
拇长屈肌
指浅屈肌

拉伸步骤

1. 站立位，双脚与肩同宽，脚尖朝前（图中展示局部）。

2. 向前方伸出左臂，与肩膀同高，伸直肘部且外旋前臂（使掌心朝上）。

3. 完全伸展左腕，使手指朝向地面。

4. 用右手抓住左手指，并将其朝肘部方向拉动。

5. 另一只手臂重复此拉伸。

目标肌肉

拉伸幅度最大的肌肉：肱肌、肱桡肌、旋前圆肌、桡侧腕屈肌、尺侧腕屈肌、掌长肌

拉伸幅度较小的肌肉：肱二头肌、指浅屈肌、指深屈肌、拇长屈肌

拉伸说明

静力性的工作（例如操作键盘）很容易使这些肌肉变紧。任何需要大量手臂活动的职业也可能导致这些肌肉变紧。这种紧绷会导致肘内侧疼痛，这种疼痛常常被称为高尔夫球肘。但是，这种疼痛不仅高尔夫球运动员会感觉到，还可能在其他人身上发生，例如木匠、攀岩运动员和按摩师。另外，拉伸这些肌肉还可减轻腕管综合征患者的疼痛。

进行此拉伸运动时要小心。如果感觉肘关节、腕关节或指关节有任何疼痛感，请减少拉力，否则可能损伤关节。

肘肌拉伸

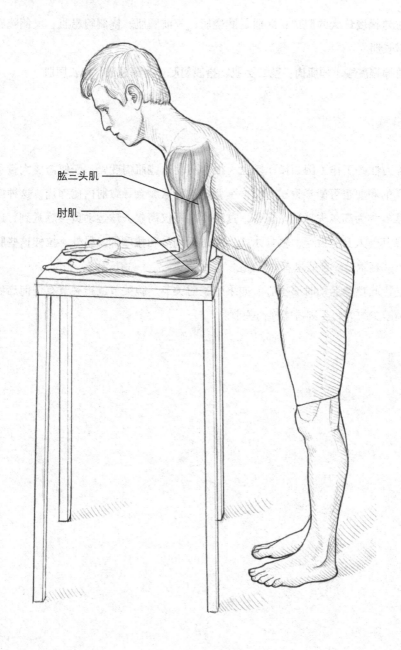

肱三头肌

肘肌

拉伸步骤

1. 面朝一张齐腰高的桌子站立或坐着。
2. 弯曲肘部，将前臂放在桌上，手掌朝上。
3. 身体前倾，让胸部向桌子靠近。

目标肌肉

拉伸幅度最大的肌肉： 肘肌

拉伸幅度较小的肌肉： 肱三头肌

拉伸说明

　　肘伸肌的紧绷是网球肘或手臂运动期间肘外侧疼痛的主要原因。这种紧绷通常是过度使用或拉伤这些肌肉所导致的。因此，任何使用这些肌肉的活动都可能导致其紧绷。尽管肱三头肌是伸展手肘时使用的主要肌肉，但在手肘弯曲且内旋时，肘肌发挥着主要作用。因此，此拉伸对主要采用靠近身体的正手击球方式的网球运动员，或肌肉僵硬（无法伸直手臂）的人而言非常有用。

　　要想达到最大的拉伸效果，请保持前臂和肘部平放在桌上。

借助哑铃的前臂旋前肌拉伸

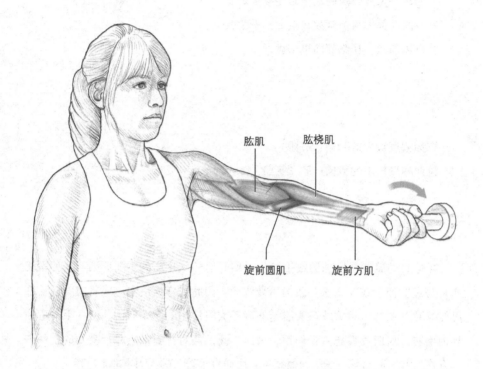

肱肌　　肱桡肌

旋前圆肌　　旋前方肌

拉伸步骤

1. 站立位，双脚与肩同宽，脚尖朝前（图中展示局部）。

2. 左手抓住一个只有一端装有铁块的轻哑铃，将重的一端伸至拇指以外。

3. 朝前伸出左臂至与肩同高，保持肘部伸直且外旋前臂（哑铃重的一端位于拇指左侧）。

4. 完全外旋前臂（将腕部朝拇指方向旋转），使哑铃重的一端朝向地面。

5. 另一只手臂重复此拉伸。

目标肌肉

拉伸幅度最大的肌肉：旋前圆肌
拉伸幅度较小的肌肉：肱肌、肱桡肌、旋前方肌

拉伸说明

旋前肌挛缩或极度紧绷主要是由于旋前圆肌的过度紧张（肌肉缩短、僵硬）。这种过度紧张可能导致内侧神经受到压迫或旋前圆肌综合征。前臂前侧和手会出现疼痛和无力的症状。旋前圆肌综合征是在重复性职业活动中过度使用旋前圆肌所导致的，例如捶打、清洗鱼或执行任何需要连续使用工具的活动。女性比男性更容易受到影响，但具体原因还不清楚。定期拉伸旋前圆肌可帮助降低挛缩的概率。

注意，不要使用太重的哑铃。先从一端装有较轻铁块的哑铃开始，习惯此拉伸后逐步增加重量。事实上，使用任何手柄一端有重量的物体均可进行此拉伸，例如锤子。此拉伸可坐着或站着完成，将整个手臂横放在一个平面上，手腕和手掌伸出平面的边缘。如果使用了支撑物，可尝试保持肩部的角度接近90°。

借助哑铃的前臂旋后肌拉伸

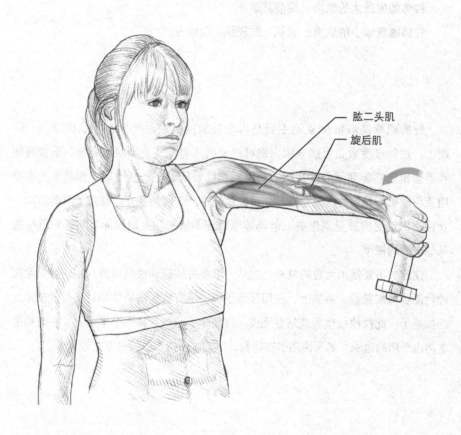

肱二头肌

旋后肌

拉伸步骤

1. 站立位，双脚与肩同宽，脚尖朝前（图中展示局部）。

2. 左手抓住一个只有一端装有铁块的较轻哑铃，将重的一端伸至拇指以外。

3. 朝前伸出左臂至与肩同高，保持肘部伸直且外旋前臂。

4. 内旋前臂（将腕部朝小指方向旋转），使哑铃重的一端朝向地面。

5. 另一只手臂重复此拉伸。

目标肌肉

拉伸幅度最大的肌肉：旋后肌
拉伸幅度较小的肌肉：肱二头肌

拉伸说明

短而紧绷（过度紧张）的旋后肌是肘外侧疼痛（常常被称为网球肘）的主要原因。过度紧张的旋后肌可能导致旋后肌综合征或腕管综合征。这些综合征是桡神经被压迫的结果，表现为前臂疼痛和麻木，以及前臂和手掌肌肉无力。快速的网球反手击球或长时间保持肘部弯曲且外旋（例如理发、用绳子牵着狗或从下方搬运重箱子）的动作，都是可能过度使用旋后肌，导致肌肉过度紧张的运动类型。

注意，不要使用太重的哑铃。先从一端装有非常轻的铁块的哑铃开始，习惯此拉伸后逐步增加重量。事实上，使用任何手柄一端有重量的物体均可进行此拉伸，例如锤子。此拉伸可坐着或站着完成，将整个手臂横放在一个平面上，手腕和手掌伸出平面的边缘。如果使用了支撑物，可尝试保持肩部的角度接近90°。

初级腕伸肌拉伸

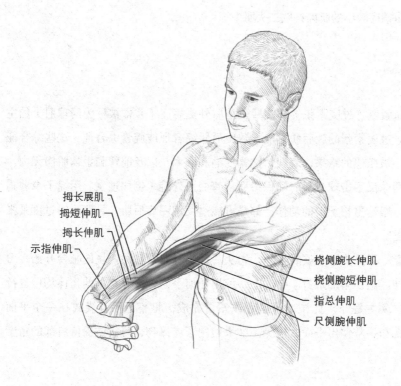

拇长展肌
拇短伸肌
拇长伸肌
示指伸肌

桡侧腕长伸肌
桡侧腕短伸肌
指总伸肌
尺侧腕伸肌

拉伸步骤

1. 站立位，双脚与肩同宽，脚尖朝前（图中展示局部）。

2. 左臂向前方伸出至与肩同高，肘部伸直且内旋前臂。

3. 屈曲左腕，使手指指向地面。

4. 将右手掌放在左手指关节上。

5. 保持左肘伸直，朝身体方向拉动指关节。

6. 另一只手臂重复此拉伸。

目标肌肉

拉伸幅度最大的肌肉：桡侧腕短伸肌、桡侧腕长伸肌、尺侧腕伸肌、指总伸肌

拉伸幅度较小的肌肉：示指伸肌、拇短伸肌、拇长伸肌、拇长展肌

拉伸说明

伸肌的紧绷是网球肘或手臂运动期间肘外侧疼痛的主要原因。这种紧绷通常是过度使用或拉伤这些肌肉所导致的。任何使用这些肌肉的活动都可能导致肌肉的过度使用和过度紧张，例如使用键盘、使用球拍、划船、举重、进行轮椅运动和攀岩。另外，过度使用拇长伸肌、拇短伸肌或拇长展肌，也可能导致所谓的鼓手麻痹症（主要是拇长伸肌）、交叉综合征（主要是拇短伸肌和拇长展肌）和德凯尔万综合征（主要是拇短伸肌和拇长展肌的肌腱）。进行此拉伸运动，可帮助减少过度使用腕伸肌可能引起的问题。

中级腕伸肌拉伸

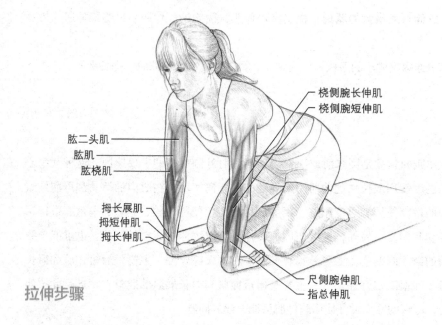

桡侧腕长伸肌
桡侧腕短伸肌

肱二头肌
肱肌
肱桡肌

拇长展肌
拇短伸肌
拇长伸肌

尺侧腕伸肌
指总伸肌

拉伸步骤

1. 双膝跪地。
2. 屈曲腕部并将手背放在地上，双手与肩同宽。
3. 双手手指朝向膝关节。
4. 保持双肘伸直，身体向后倾斜，朝脚跟方向下压臀部，保持手背放在地上。

目标肌肉

拉伸幅度最大的肌肉： 肱桡肌、桡侧腕短伸肌、桡侧腕长伸机、尺侧腕伸肌

拉伸幅度较小的肌肉： 旋后肌、肱肌、肱二头肌、指总伸肌、拇短伸肌、拇长伸肌、拇长展肌

拉伸说明

腕伸肌的紧绷是网球肘或手臂运动期间肘外侧疼痛的主要原因。这种紧绷通常是过度使用或拉伤这些肌肉所导致的。

因此，任何使用这些肌肉的活动都可能导致肌肉的过度使用和过度紧张，例如使用键盘、使用球拍、划船、举重、进行轮椅运动和攀岩。过度使用拇长伸肌、拇短伸肌或拇长展肌，也可能导致所谓的鼓手麻痹症（主要是拇长伸肌）、交叉综合征（主要是拇短伸肌和拇长展肌）和德凯尔万综合征（主要是拇短伸肌和拇长展肌的肌腱发炎）。初级拉伸适合腕部活动范围受限或使用腕部时剧痛的人。但是，一旦获得了更大的活动范围，就应该进行此中级拉伸，以减少过度使用腕伸肌所引起的问题。此拉伸将加强疼痛的肌肉，预防进一步的问题。

双手离膝关节越近，越容易保持手背接触地面。但是双手离膝关节越远，施加的拉伸力就越大。

变化动作
腕外展肌和伸肌拉伸

改变手指的朝向，可改变对前臂肌肉的拉伸重点。例如，可同时拉伸腕外展肌和伸肌。首先，保持最初的姿势，双膝跪地，屈曲腕部并将手背放在地上。其次，不将手指朝向膝关节，而是旋转双手，让手指朝向内侧（双手手指相对）。最后，通过向后倾斜身体（朝脚跟方向下压臀部），并保持手背放在地上来拉伸肌肉。

变化动作
腕内收肌和伸肌拉伸

改变手指的朝向，可改变对前臂肌肉的拉伸重点。例如，可同时拉伸腕内收肌和伸肌。首先，保持最初的姿势，双膝跪地，屈曲腕部并将手背放在地上。其次，不将手指朝向膝关节，而是旋转双手，让手指朝向外侧（手指朝向身体两侧，并与身体中线垂直）。最后，通过向后倾斜身体（朝脚跟方向下压臀部），并保持手背放在地上来拉伸肌肉。

初级腕屈肌拉伸

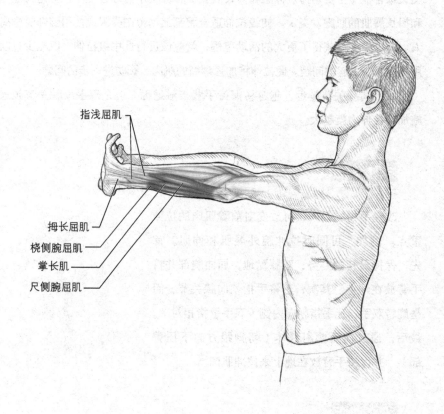

指浅屈肌

拇长屈肌

桡侧腕屈肌

掌长肌

尺侧腕屈肌

拉伸步骤

1. 站立位，双脚与肩同宽，脚尖朝前（图中展示局部）。

2. 十指交叉，手掌朝向远离身体的一侧。

3. 手臂与肩等高，伸直肘部并尽可能向前推手掌。

目标肌肉

拉伸幅度最大的肌肉： 桡侧腕屈肌、尺侧腕屈肌、旋前圆肌、掌长肌

拉伸幅度较小的肌肉： 拇长屈肌、指深屈肌、指浅屈肌

拉伸说明

在不舒适的姿势下反复使用手臂或手腕，在打字、使用手机或操作机器时屈曲手腕，都很容易导致腕屈肌变紧。工作时保持手臂远离身体或做体育运动，也可能带来其他问题。这种紧绷可能导致肘内侧疼痛，这种疼痛常常被称为高尔夫球肘。做这些活动的时间越长，肌肉紧张的风险就越高，拉伸这些肌肉的需求也就越大。

中级腕屈肌拉伸

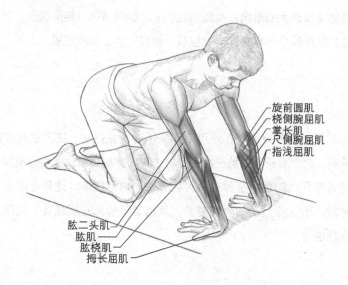

旋前圆肌
桡侧腕屈肌
掌长肌
尺侧腕屈肌
指浅屈肌

肱二头肌
肱肌
肱桡肌
拇长屈肌

拉伸步骤

1. 双膝跪地。
2. 屈曲双手手腕并将手掌放在地上，双手与肩同宽。
3. 双手手指朝向膝关节。
4. 保持双肘伸直，身体后倾（朝脚跟方向下压臀部），保持手掌放在地上。

目标肌肉

拉伸幅度最大的肌肉： 肱桡肌、桡侧腕屈肌、尺侧腕屈肌、指深屈肌、指浅屈肌、掌长肌

拉伸幅度较小的肌肉： 小指短屈肌、拇长屈肌、旋前圆肌、肱肌、肱二头肌

拉伸说明

在不舒适的姿势下反复使用手臂或手腕，或者在打字、使用手机或操作机器时屈曲手腕，很容易导致腕屈肌变紧。

工作时保持手臂远离身体或做体育运动，也可能带来其他问题。这种紧绷可能导致肘内侧疼痛，这种疼痛常常被称为高尔夫球肘。做这些活动的时间越长，肌肉紧张的风险就越高，拉伸这些肌肉的需求也就越大。而初级拉伸练习仅提供了有限的拉伸。随着柔韧性增强，你需要进阶到拉伸感更强的练习，例如这个中级拉伸。

双手离膝关节越近，越容易保持手掌接触地面。但是双手离膝关节越远，拉伸力越大。

变化动作

腕外展肌和屈肌拉伸

改变手指的朝向，可改变对前臂肌肉的拉伸重点。例如，可同时拉伸腕外展肌和屈肌，首先，保持最初的姿势，双膝跪地，屈曲腕部并将手掌放在地上。其次，不将手指朝向膝关节，而是旋转双手，让手指朝向外侧（手指朝向身体两侧，并与身体中线垂直）。最后，通过后倾身体

（朝脚跟方向下压臀部），并保持手掌放在地上来拉伸肌肉。

变化动作

腕内收肌和屈肌拉伸

改变手指的朝向，可改变对前臂肌肉的拉伸重点。例如，可同时拉伸腕内收肌和屈肌。首先，保持最初的姿势，双膝跪地，屈曲腕部并将手掌放在地上。其次，不将手指朝向膝关节，而是旋转双手，让手指朝向内侧（双手手指相对）。最后，通过后倾身体（朝脚跟方向下压臀部），并保持手掌放在地上来拉伸肌肉。

借助哑铃的腕外展肌拉伸

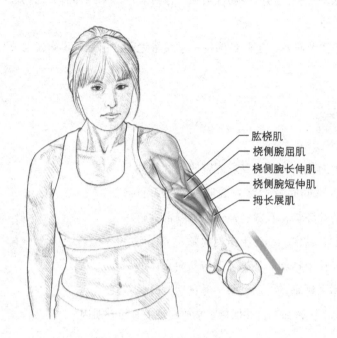

肱桡肌
桡侧腕屈肌
桡侧腕长伸肌
桡侧腕短伸肌
拇长展肌

拉伸步骤

1. 站立位，双脚与肩同宽，脚尖朝前（图中展示局部）。

2. 左手抓住一个只有一端装有铁块的轻哑铃，将重的一端伸到拇指以外。

3. 左臂向前方伸出至肩膀的高度，保持肘部伸直，旋转前臂，使左手拇指侧朝上。

4. 向下弯曲手腕，让哑铃重的一端更向前，远离身体而不是朝上。

5. 另一只手臂重复此拉伸。

目标肌肉

拉伸幅度最大的肌肉：拇长展肌、桡侧腕屈肌、桡侧腕长伸肌、桡侧腕短伸肌

拉伸幅度较小的肌肉：肱桡肌

拉伸说明

许多需要在每天几小时的重复动作中使用腕部的活动，例如，长时间使用计算机的工作，或者打网球、高尔夫球、棒球、保龄球和骑山地自行车，都会迫使腕关节处于其活动范围的极限，使这一区域的肌肉容易紧绷或过度紧张。如果没有得到充分的休息和恢复，拉小提琴或弹钢琴所涉及的有限的、重复性的腕部动作也可能导致肌肉紧绷。另外，手腕也可能在一些简单、日常的活动中损伤，例如，擦洗水壶、用手撑椅子以站起来或在不舒适的姿势下举起一个小物体。许多与这些活动有关的紧绷、疼痛和损伤，都可通过拉伸腕外展肌来减轻。

注意，不要使用太重的哑铃。先从一端装有极轻铁块的哑铃开始，习惯此拉伸后逐步增加重量。事实上，使用任何手柄一端有重量的物体均可进行此拉伸，例如锤子。另外，此拉伸可坐着或站着完成，将整个手臂横放在平面上，手腕和手掌伸出平面的边缘。如果使用了支撑物，可尝试保持肩部角度接近90°。

借助哑铃的腕内收肌拉伸

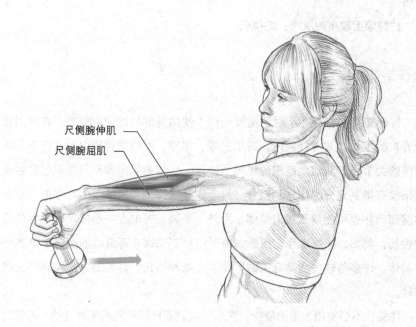

尺侧腕伸肌

尺侧腕屈肌

拉伸步骤

1. 站立位，双脚与肩同宽，脚尖朝前（图中展示局部）。

2. 左手抓住一个只有一端装有铁块的轻哑铃，将重的一端伸到拇指以外。

3. 左臂向前方伸出至肩膀的高度，保持肘部伸直，旋转前臂，使左手拇指侧朝下。

4. 向下弯曲手腕，让哑铃重的一端更靠近身体，而不是朝下。

5. 另一只手臂重复此拉伸。

目标肌肉

拉伸幅度最大的肌肉：尺侧腕伸肌
拉伸幅度较小的肌肉：尺侧腕屈肌

拉伸说明

许多需要在每天几小时的重复动作中使用腕部的活动，例如，长时间使用计算机的工作，或者打网球、高尔夫球、棒球、保龄球和骑山地自行车，都会迫使腕关节处于其活动范围的极限，使这一区域的肌肉容易紧绷或过度紧张。如果没有得到充分的休息和恢复，拉小提琴或弹钢琴所涉及的有限的、重复性的腕部动作也可能导致肌肉紧绷。另外，手腕也可能在一些简单、日常的活动中损伤，例如，擦洗水壶、用手撑椅子以站起来或在不舒适的姿势下举起一个小物体。许多与这些活动有关的紧绷、疼痛和损伤，都可通过拉伸腕内收肌来减轻。

注意，不要使用太重的哑铃。先从一端装有极轻铁块的哑铃开始，习惯此拉伸后逐步增加重量。事实上，使用任何手柄一端有重量的物体均可进行此拉伸，例如锤子。另外，此拉伸可坐着或站着完成，将整个手臂横放在平面上，手腕和手掌伸出平面的边缘。如果使用了支撑物，可尝试保持肩部的角度接近 90°。

指屈肌拉伸

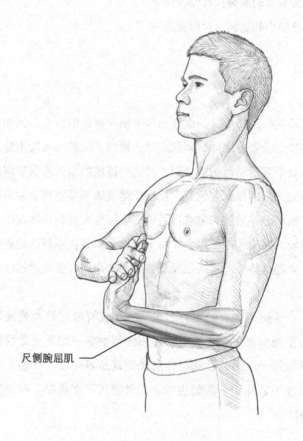

尺侧腕屈肌

拉伸步骤

1. 坐着或站立。

2. 将肘部屈曲约 90° ，尽可能伸展手腕。

3. 将手指指向上方。

4. 用右手朝左手肘部方向推左手手指。

5. 另一只手臂重复此拉伸。

目标肌肉

拉伸幅度最大的肌肉：桡侧腕屈肌、尺侧腕屈肌、小指短屈肌、指深屈肌、指浅屈肌、掌长肌

拉伸幅度较小的肌肉：拇长屈肌

拉伸说明

指屈肌的紧绷和过度紧张通常是握拳或屈曲手腕所引起的。腕部屈曲的睡姿，会导致屈肌群变得更紧和更短，并导致对腕管内正中神经的撞击和损伤。在用手长时间抓住某物的重复性工作中，例如捶打或攀岩，指屈肌也会变紧。由于过度使用示指，也可能发展成所谓的扳机指。另外，前臂的一些问题（例如高尔夫球肘或内上髁炎）也是紧绷的指屈肌导致的。最后，弹奏钢琴时不当的双手位置——腕部未放松，使用推拉的动作而不是自由反弹的重力击键——可能导致指屈肌僵硬。

肘部屈曲角度不需要恰好是 90°，应该选择一个舒适的角度。一些人发现完全屈曲肘部会更容易推手背。肘部完全屈曲时，推力应更加朝下，而不是横向的。

借助墙的指屈肌拉伸

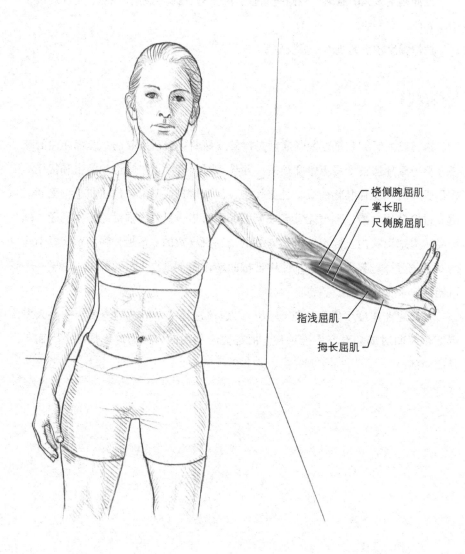

桡侧腕屈肌
掌长肌
尺侧腕屈肌

指浅屈肌

拇长屈肌

拉伸步骤

1. 站立位，离墙约 30 厘米。
2. 扭转身体，使左肩与墙垂直。
3. 伸出左手，将左手指放在墙上位于髋部与左肩中间的位置。
4. 仅保持左手指接触墙，将身体向墙的方向倾斜。
5. 另一只手臂重复此拉伸。

目标肌肉

拉伸幅度最大的肌肉：桡侧腕屈肌、尺侧腕屈肌、小指短屈肌、指深屈肌、指浅屈肌、掌长肌

拉伸幅度较小的肌肉：拇长屈肌

拉伸说明

指屈肌的紧绷和过度紧张通常是握拳或屈曲手腕所引起的。腕部屈曲的睡姿，会导致屈肌群变得更紧和更短，并导致对腕管内正中神经的撞击和损伤。在用手长时间抓住某物的重复性工作中，例如捶打或攀岩，指屈肌也会变紧。由于过度使用示指，也可能发展成所谓的扳机指。另外，前臂的一些问题（例如高尔夫球肘或内上髁炎）也是紧绷的指屈肌导致的。最后，弹奏钢琴时不当的双手位置——腕部未放松，使用推拉的动作而不是自由反弹的重力击键——可能导致指屈肌僵硬。

手指相对于髋部的初始高度不是最主要的。应该从一个容易保持平衡，同时能对肌肉施予拉伸张力的位置开始。随着逐步适应此拉伸，你可能发现有必要通过改变手指高度来获得想要的拉伸张力。

指伸肌拉伸

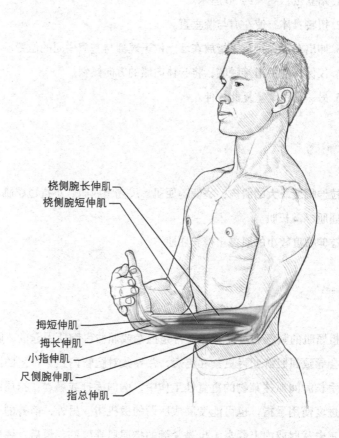

桡侧腕长伸肌
桡侧腕短伸肌

拇短伸肌
拇长伸肌
小指伸肌
尺侧腕伸肌
指总伸肌

拉伸步骤

1. 坐着或站立。

2. 旋转左臂，使左手掌朝上。左肘屈曲约 90°。

3. 左腕屈曲约 90°。屈曲左手手指，使它们朝向左腕。

4. 将右手放在左手指上，朝左前臂方向按压左手指。

5. 另一只手臂重复此拉伸。

目标肌肉

拉伸幅度最大的肌肉：桡侧腕短伸肌、桡侧腕长伸肌、尺侧腕伸肌、指总伸肌、小指伸肌、示指伸肌

拉伸幅度较小的肌肉：拇短伸肌、拇长伸肌

拉伸说明

指伸肌的紧绷也是网球肘或手臂运动期间肘外侧疼痛的主要原因。这种紧绷通常是过度使用或拉伤这些肌肉所导致的。因此，任何使用这些肌肉的活动都可能导致肌肉的过度使用和过度紧张，例如，使用键盘、使用球拍、划船、举重、进行轮椅运动和攀岩。另外，过度使用拇长伸肌、拇短伸肌或拇长展肌，也可能导致所谓的鼓手麻痹症（主要是拇长伸肌）和德凯尔万综合征（主要是拇短伸肌和拇长展肌的肌腱炎）。进行此拉伸运动，可帮助减少过度使用腕伸肌可能引起的问题。紧绷的桡侧腕长伸肌或桡侧腕短伸肌也可能导致相应的肌腱炎症，进而导致腕部桡侧疼痛或交叉综合征。进行此拉伸运动，有助于减少过度使用指伸肌所导致的问题。最后，主动伸展手指的能力还被用作中风患者手臂功能恢复的可靠的早期预测指标。因此，在中风后拉伸指伸肌对康复过程很有帮助。

可通过屈曲手指（例如握拳）来增加拉伸的幅度。另外，肘部屈曲角度不需要恰好是 90°，可选择一个舒适的角度。一些人发现完全屈曲肘部更容易推动手背。肘部完全屈曲时，推力应更加朝下，而不是横向的。

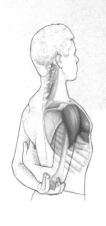

第 7 章
肩、背和胸

　　肩部涉及 5 个主要的运动：屈曲和伸展，外展和内收，外旋和内旋，前伸和后缩，以及上提和下降。肩关节的骨头由肱骨（上臂骨）、肩胛骨和锁骨组成。肩胛骨和锁骨位于胸腔顶部。因此，许多上背部和肩部肌肉的一个主要作用就是，将上背部中的肩胛骨和上胸腔中的锁骨连接到胸腔和脊柱上。这为手臂和肩部运动提供了一个稳定的平台。在 5 个运动中，前伸和后缩、上提和下降通常被归为稳定动作。

　　移动和稳定肩部骨头所涉及的大部分肌肉都位于背后。肩胛骨比锁骨大得多，有空间让更多肌肉附着。背后的（背部）肌肉（图 7.1）包括冈下肌、背阔肌、肩胛提肌、菱形肌、肩胛下肌、冈上肌、大圆肌、小圆肌和斜方肌（附着在胸腔上后部、椎骨和肩胛骨上），以及三角肌（图 7.2）和肱三头肌（附着在肩胛骨和肱骨上；参阅第 6 章）。前面的胸部肌肉（图 7.3）包括胸大肌（附着在锁骨、前胸腔和肱骨上）、胸小肌、锁骨下肌、前锯肌（附着在前胸腔和前肩胛骨上）、肱二头肌、喙肱肌和三角肌（附着在肩胛骨前侧和肱骨上）。

　　肩关节（盂肱关节）是一种球窝关节，由肱骨头和关节窝组成；关节窝是肩胛骨的一个浅腔，为肱骨头形成一个关节窝。这个关节是身体上活动最自由的关节，也是最不稳定的关节。肱骨的向上运动会受到锁骨和肩胛骨的肩峰和喙突，以及盂肱韧带和肩袖的限制。肱骨的向下、向前和向后运动会受到肱骨头在盂唇中的位置的限制；盂唇是一个环状纤维软骨带，围绕在关节窝边缘来增加其凹度。肱骨由多条韧带和肌腱与盂唇固定，它们共同形成了肩袖。

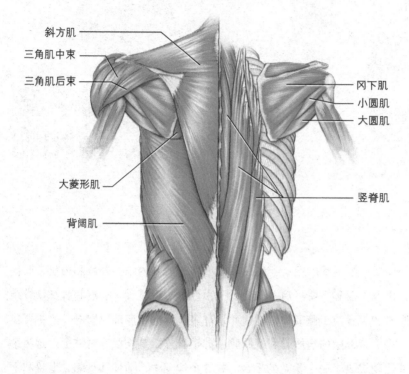

斜方肌

三角肌中束

三角肌后束

冈下肌

小圆肌

大圆肌

大菱形肌

竖脊肌

背阔肌

图 7.1 背部肌肉

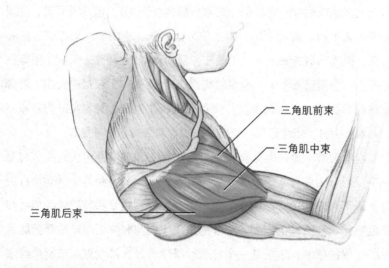

三角肌前束

三角肌中束

三角肌后束

图 7.2 三角肌

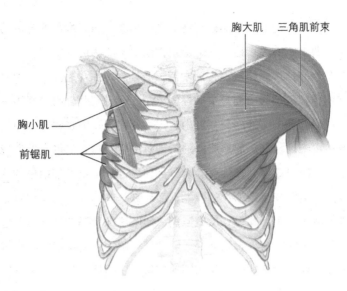

图 7.3 胸部肌肉

整个肱骨头和关节窝都被关节囊包裹着。关节囊是一组韧带的集合，主要的韧带包括前和后胸锁、肋锁和锁间韧带，它们帮助连接锁骨与胸腔。喙肱、盂肱、喙锁、肩锁和喙肩韧带帮助连接肱骨、肩胛骨和锁骨。提供肩袖稳定性的主要肌肉和肌腱包括冈下肌、肩胛下肌、冈上肌和小圆肌。因为这些肌肉的附着位置更靠上（位于肩关节上方），所以大部分脱臼都发生在下方（肩关节下方）。

　　因为肩部肌肉是维持肩部稳定性的主要因素，所以肩部 5 对运动方式（例如伸展和屈曲）中的柔韧性（一个特定方向上可能的运动幅度）受到肌肉力量和运动中涉及的拮抗肌伸展能力的限制。肩外展（手臂远离身体中线）的范围不仅受到肩部和关节囊中韧带柔韧性的限制，还受到肱骨与肩峰和关节窝上边缘撞击（或肩部撞击）的限制。肩内收（手臂朝身体中线移动）的范围还受到手臂与身体撞击的限制。肩部屈曲的活动范围受到喙肱韧带和关节囊下部紧绷程度的限制。喙肱韧带柔韧性会影响肩部伸展范围以及肩部撞击的活动范围。肩部内旋受关节囊韧带柔韧性的限制，而肩部外旋的活动范围受喙肱韧带的僵硬度和关节囊韧带上部紧绷程度的限制。影响肩部上提的其他因素包括肋锁韧带和关节囊的紧绷程度。影响肩部下降的其他限制还包括锁间韧带和胸锁韧带的紧绷程度。最后，肩部前伸受胸锁前韧带和肋锁后韧带的紧绷程度的限制，而肩部后缩受胸锁后韧带和肋锁前韧带的紧绷程度的限制。

　　保持所有肩部肌肉的力量和柔韧性之间的平衡很重要。与肩、背和胸部肌肉组织相关的常见问题包括颈部（斜方肌中部和上部）、肩部（斜方肌、三角肌、冈上肌）和上背部（菱形肌和肩胛提肌）的肌肉紧张和肌肉痉挛。有趣的是，这些肌肉的紧绷通常是由其拮抗肌的紧绷所导致的。换句话说，上胸部的肌肉紧绷会导致上背部的紧绷感。紧绷的胸部肌肉（例如胸大肌）会导致上背部肌肉长期处于低水平的拉伸状态。最终，这种低水平的拉伸拉长了与上背部肌肉关联的韧带和肌腱。一旦这些韧带和肌腱变长，其关联肌肉中的张力就会显著减弱。为了恢复损失的张力，这些肌肉必须增加其收缩力度。增强的力进而更大幅度地拉伸韧带和肌腱，为了代偿进一步被拉长的韧带和肌腱，肌肉的收缩力必然会增强。因此就出现了一种恶性循环。

　　预防和阻止此恶性循环的最佳方式是拉伸前肩和胸部肌肉。随着这些肌肉的柔韧性增加，后部肌肉的紧绷程度就会减轻。拉伸一结束，这些肌肉的力量立刻就会减弱。在锻炼任何肌群之前和之后拉伸其拮抗肌，是个不错的方法。如果每星期做三次以上，就会切实增加这些肌肉的柔韧性和力量。拉伸还会减少肌肉紧绷的频率。而且，如果肩部肌肉的力量与柔韧性不平衡，可能会发生肩部撞击。因为肱骨与肩胛骨突出来的骨骼的间隙很窄，所以任何进一步缩小此空间的东西（例如紧绷的肌肉）都可能导致撞击，从而导致疼痛、无力和运动能力丧失。

初级肩屈肌拉伸

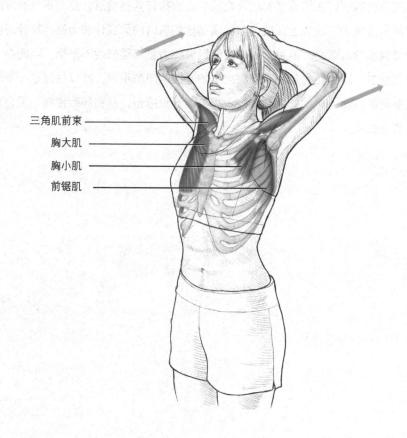

三角肌前束

胸大肌

胸小肌

前锯肌

拉伸步骤

1. 站立位，十指交叉。

2. 将双手置于头顶。

3. 收缩背部肌肉，向后牵拉双肘，让双肘彼此靠近。

目标肌肉

拉伸幅度最大的肌肉：胸大肌、胸小肌、三角肌前束
拉伸幅度较小的肌肉：前锯肌

拉伸说明

不当的姿势是肩部屈肌紧绷的主要原因。人们弓着背或手臂前伸时，常常会出现不当的姿势。肩部屈肌紧绷常常伴随着颈伸肌紧绷。当两个肌群都紧绷时，会增加发展成秃鹫颈的概率并导致呼吸问题，导致肩部撞击、肩部滑囊炎、肩袖肌腱炎或冰冻肩的损伤（无论是急性损伤还是过度使用所导致的慢性损伤），也可能导致肩屈肌紧绷。

当这些情况都很严重时，很难在不感到疼痛的情况下拉伸肩屈肌。此拉伸运动对肌肉组织施加的拉伸力较小，因此比较容易忍受。如果做此运动时感觉拉伸不够，最好进阶到其他的肩屈肌拉伸运动。

中级肩屈肌拉伸

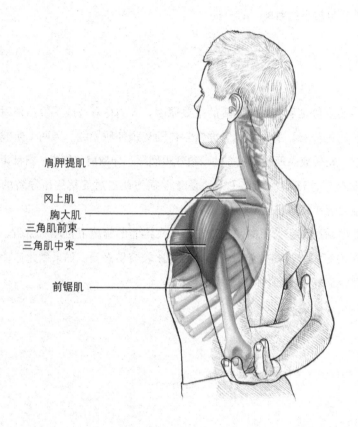

肩胛提肌 ————

冈上肌 ————
胸大肌 ————
三角肌前束 ————
三角肌中束 ————

前锯肌 ————

拉伸步骤

1. 站立或坐在无靠背的椅子上，左臂放在背后，肘部屈曲至约90°。
2. 双脚与肩同宽，足尖朝前（图中未展示）。
3. 依据你的柔韧性，用右手抓住左肘、前臂或手腕。
4. 使左上臂穿过背部并朝右肩的方向牵拉。
5. 另一只手臂重复此拉伸。

目标肌肉

拉伸幅度最大的肌肉：胸大肌、三角肌前束、三角肌中束

拉伸幅度较小的肌肉：肩胛提肌、胸小肌、冈上肌、前锯肌、喙肱肌

拉伸说明

此拉伸对克服姿势不当所导致的秃鹫颈或圆肩、驼背等很有用。它还有助于减轻与肩部撞击、肩部滑囊炎、肩袖肌腱炎和冰冻肩相关的疼痛。此练习比初级肩屈肌拉伸的拉伸效果更好，但最好在完成初级练习并发现进行任何初级拉伸都很难达到预期的拉伸效果之后，再开始进行此项拉伸运动。

如果无法抓住肘部，可抓住手腕。牵拉手腕时，很容易将手臂拉向另一侧，但请记住，既向上拉，又向另一侧拉的效果才是最好的。另外，要将手肘固定在屈曲至接近 90°。改变背部的对齐方式也会影响拉伸的幅度。如果无法保持背部挺直，宁可弓背也不要向后伸展腰部。请注意，在弓背站立时进行此拉伸很容易失去平衡。如果站着很难保持平衡，可坐在凳子或椅子上进行此项拉伸运动。

高级肩屈肌拉伸

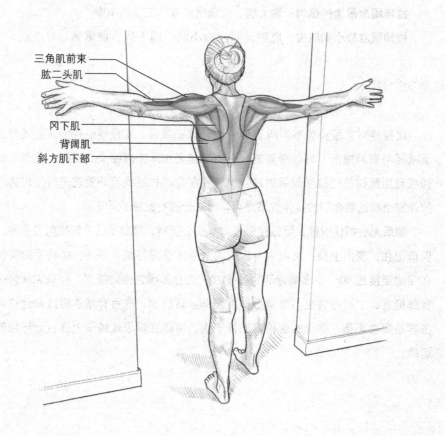

三角肌前束
肱二头肌
冈下肌
背阔肌
斜方肌下部

拉伸步骤

　1. 面朝门口或墙角站立。

　2. 双脚与肩同宽，一只脚的位置比另一只稍微靠前。

　3. 伸直双臂，将双臂抬升到与肩同高，将手掌放在墙上或门框上，拇指朝上。

　4. 使整个身体前倾。

目标肌肉

拉伸幅度最大的肌肉：胸大肌、三角肌前束、喙肱肌、肱二头肌

拉伸幅度较小的肌肉：冈下肌、背阔肌、锁骨下肌、斜方肌下部

拉伸说明

此拉伸对克服姿势不当所导致的秃鹫颈或圆肩、驼背很有用。它还有助于减轻与肩部撞击、肩部滑囊炎、肩袖肌腱炎和冰冻肩相关的疼痛。但是，如果存在前面提到的任何问题，最好从初级拉伸开始，逐步进阶到高级拉伸。此练习具有比初级或中级肩屈肌拉伸更好的拉伸效果，练习者最好在能忍受它所带来的疼痛或不适的情况下进行。

要在拉伸期间获得更好的效果，应保持手肘锁定和脊柱挺直。前倾幅度越大，拉伸效果越好。前倾幅度受起始姿势中前脚离胸部的距离的限制。因此，前脚前跨的距离要足以保持平衡。可同时做颈伸肌拉伸和肩屈肌拉伸，只是不用双手将头往下压（如果不用双手将头往下压，颈伸肌拉伸的强度将比单独拉伸时小）。

变化动作

肩屈肌和下降肌拉伸

通过将手臂抬高到高于水平线，你可以将胸小肌作为主要拉伸的肌肉。面朝门口或墙角站立，双脚与肩同宽，一只脚的位置比另一只稍微靠前。伸直双臂，将双臂抬升到高过头部，将手掌放在墙上或门框上。让整个身体前倾。

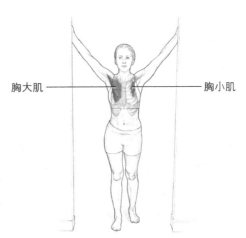

胸大肌 —————   ————— 胸小肌

辅助肩和肘屈肌拉伸

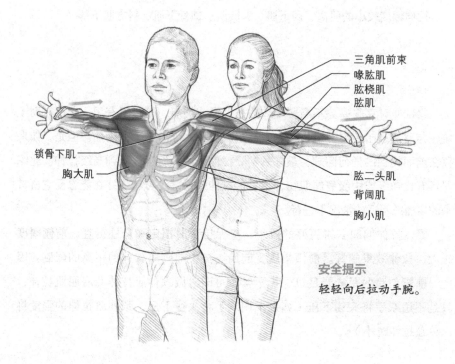

三角肌前束
喙肱肌
肱桡肌
肱肌

锁骨下肌
胸大肌

肱二头肌
背阔肌
胸小肌

安全提示
轻轻向后拉动手腕。

拉伸步骤

1. 站立或坐在地上，以保持稳定。

2. 如果站立，双脚与肩同宽，一只脚的位置比另一只稍微靠前（图中展示局部）。如果坐着，可坐在地上，双腿前伸。

3. 伸展双臂至与地面平行。

4. 双手手指稍微指向后方。

5. 让搭档站在后面，面朝你的背部，抓住你的两个手腕。

6. 请搭档朝相对的方向拉两个手腕，同时注意不要过度拉伸关节。

目标肌肉

拉伸幅度最大的肌肉：胸大肌、胸小肌、三角肌前束、喙肱肌、肱二头肌、肱肌、肱桡肌

拉伸幅度较小的肌肉：背阔肌、斜方肌下部、锁骨下肌

拉伸说明

此拉伸对克服姿势不当所导致的秃鹫颈或圆肩、驼背很有用。它还有助于减轻与肩部撞击、肩部滑囊炎、肩袖肌腱炎和冰冻肩相关的疼痛。此外，此拉伸有助于预防许多人所称的肌肉僵化或圆肩和驼背，以及预防无法完全伸直手臂的症状。此拉伸运动是针对肩和肘屈肌较好的练习之一。

帮助完成此拉伸的搭档一定要注意，在拉动手腕时，不要过于激进。过于激进的拉伸可能导致肌肉拉伤，甚至会导致肩关节脱臼。而且，随着两个手腕彼此靠近，人们倾向于后倾身体来减少疼痛。如果感觉你在向后倾，建议在开始拉伸时屈曲手腕并稍微前倾身体。

坐姿肩屈肌、下降肌和后缩肌拉伸

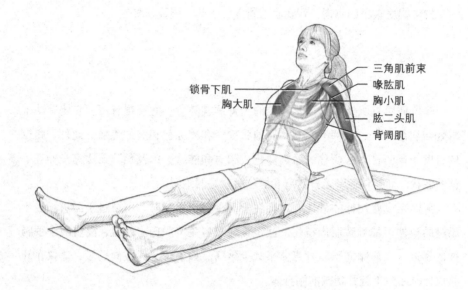

锁骨下肌

胸大肌

三角肌前束

喙肱肌

胸小肌

肱二头肌

背阔肌

拉伸步骤

1. 坐在地上，两腿伸直。

2. 在保持手臂伸直的情况下，将手掌放在地上，十指朝后，离髋部约30厘米。

3. 在保持手臂伸直的情况下，朝地面后倾身体。

目标肌肉

拉伸幅度最大的肌肉：胸大肌、三角肌前束、喙肱肌、肱二头肌、胸小肌

拉伸幅度较小的肌肉：背阔肌、斜方肌下部、锁骨下肌、菱形肌

拉伸说明

此拉伸运动是同时拉伸肩和肘屈肌的较好的自我练习之一。它对克服姿势不当所导致的秃鹫颈或圆肩、驼背很有用。它还有助于减轻与肩部撞击、肩部滑囊炎、肩袖肌腱炎和冰冻肩相关的疼痛。此外，此拉伸有助于预防肌肉僵化或圆肩和驼背，还可以预防无法完全伸直手臂的症状。

想要使拉伸效果最大化，请保持手臂伸直。如果无法避免手臂屈曲，可将双手放得离髋部近一些。使双手远离髋部可增加拉伸幅度。为了避免身体在地板上滑动，可能需要用脚底顶住墙壁。坐在垫子上并将双手放在硬的地面上，会增加拉伸幅度并提高舒适性。

初级肩伸肌、内收肌和后缩肌拉伸

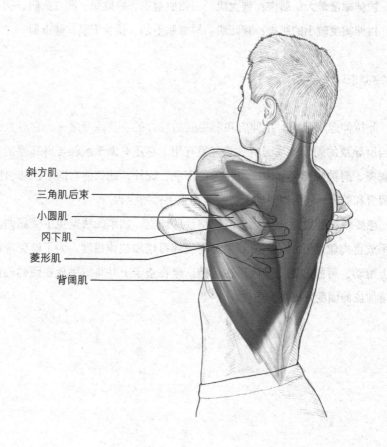

斜方肌

三角肌后束

小圆肌

冈下肌

菱形肌

背阔肌

拉伸步骤

1. 站立位，双脚与肩同宽，脚尖朝前。

2. 用双手围绕住肩膀，就像拥抱自己一样，将手臂放在舒适的位置。

3. 向前拉动肩膀。

目标肌肉

拉伸幅度最大的肌肉：三角肌后束、背阔肌、斜方肌、菱形肌
拉伸幅度较小的肌肉：小圆肌、冈下肌

拉伸说明

不当的姿势会使三角肌、背阔肌、斜方肌和菱形肌的负担过重，导致肌肉紧张。此拉伸可减少在肩胛骨之间感受到的许多疼痛和不适。此外，不使用或仅在肩部高度下方的空间做有限的手臂活动，也可能导致这些肌肉变紧。这些肌肉的紧绷会使做高过头顶的动作更加困难和痛苦，例如，给天花板刷漆、清洁高处的窗户或做哑铃上推举。此拉伸运动对肌肉组织的拉伸力较小，因此适合在肌肉非常紧的情况下练习。另外，进行此拉伸运动有助于减轻与肩部撞击、肩部滑囊炎、肩袖肌腱炎和冰冻肩相关的疼痛。

中级肩伸肌、内收肌和后缩肌拉伸

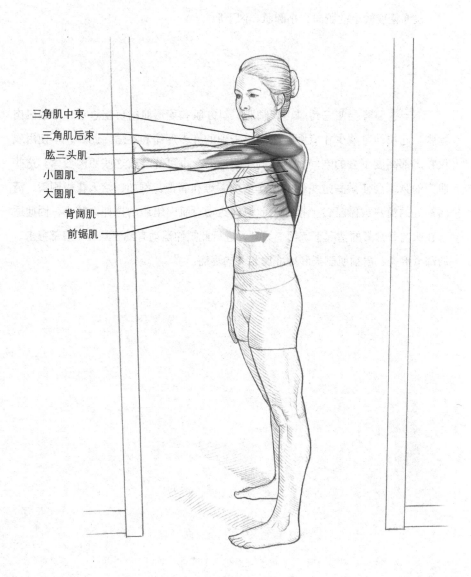

三角肌中束

三角肌后束

肱三头肌

小圆肌

大圆肌

背阔肌

前锯肌

拉伸步骤

1. 面朝门框站立，让右肩与门框在一条线上。
2. 双脚与肩同宽，脚尖朝前。
3. 将左臂绕过躯干伸向右肩。
4. 将左臂拇指朝下，抓住门框上与肩部同高的位置。
5. 向左旋转躯干，直到感觉左肩后侧被拉伸。
6. 另一只手臂重复此拉伸。

目标肌肉

拉伸幅度最大的肌肉：三角肌后束、三角肌中束、背阔肌、肱三头肌、斜方肌中部、菱形肌

拉伸幅度较小的肌肉：大圆肌、小圆肌、冈上肌、前锯肌

拉伸说明

不当的姿势会使三角肌、背阔肌、斜方肌和菱形肌的负担过重，导致肌肉紧张。此中级拉伸可更大幅度地拉伸这些肌肉。它可以比初级拉伸更有效地减轻在肩胛骨之间感受到的疼痛和不适。此外，不使用或仅在肩部高度下方的空间做有限的手臂活动，也可能导致这些肌肉变紧。这些肌肉的紧绷会使做高过头顶的动作更加困难和痛苦。与初级肩伸肌、内收肌和后缩肌拉伸动作相比，此动作可以更好地拉伸肌肉组织。另外，进行此拉伸运动有助于减轻与肩部撞击、肩部滑囊炎、肩袖肌腱炎和冰冻肩相关的疼痛。

要想最大限度地发挥此拉伸的作用，应保持肘部固定。一段时间后，随着肌肉变得更加柔韧，想要保持肘部固定，就需要抓住门框上高于肩部的位置。抬高双手不会减弱此拉伸的主要效果。但是，随着手的位置高过肩膀，菱形肌的拉伸感会减弱，而前锯肌的拉伸感会加强。

肩内收肌、前伸肌和上提肌拉伸

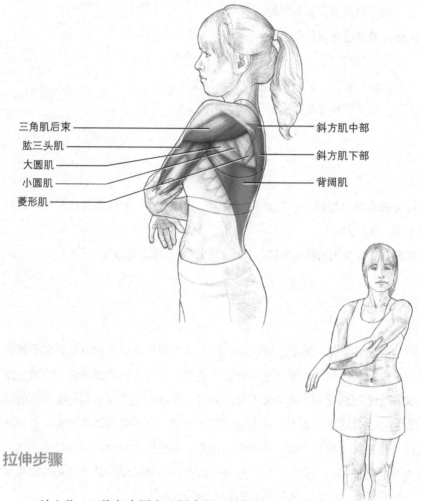

三角肌后束
肱三头肌
大圆肌
小圆肌
菱形肌

斜方肌中部
斜方肌下部
背阔肌

拉伸步骤

1. 站立位，双脚与肩同宽（图中展示局部）。

2. 将左臂从身前穿过，左手接近右髋部。

3. 用右手在身体前侧抓住左肘部。

4. 用右手尝试朝下和身体后侧牵拉左肘部。

5. 另一只手臂重复这些步骤。

目标肌肉

拉伸幅度最大的肌肉： 三角肌后束、背阔肌、肱三头肌、斜方肌中下部
拉伸幅度较小的肌肉： 大圆肌、小圆肌、冈上肌、肩胛提肌、菱形肌

拉伸说明

三角肌、背阔肌、肱三头肌和斜方肌的紧绷会使做高过头顶的动作变得更加困难和痛苦。此拉伸会使做任何投掷动作和手臂上举的动作更加容易，例如刷漆和清洗窗户。另外，进行此拉伸运动有助于减轻与肩部撞击、肩部滑囊炎、肩袖肌腱炎和冰冻肩相关的疼痛。

为了使拉伸效果最大化，不要抬肩或弯腰。如果无法将手伸到髋部，可尝试尽可能靠近髋部。只要手臂位于肩下，拉伸就会起作用。

变化动作

头顶肩内收肌、前伸肌和上提肌拉伸

将手臂抬到肩膀上方能更有效地拉伸肩上提肌和前伸肌，对高过头顶的活动更有益。站立位，双脚与肩同宽（图中展示局部）。将左手抬高至头上方，将左臂抬起至头部左侧。然后用右手抓住左肘部，尝试向头后方牵拉左肘部，越过左耳。另一只手臂重复这些步骤。

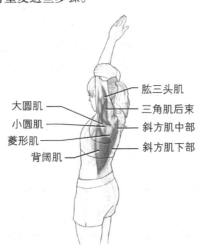

大圆肌
小圆肌
菱形肌
背阔肌

肱三头肌
三角肌后束
斜方肌中部
斜方肌下部

肩内收肌和伸肌拉伸

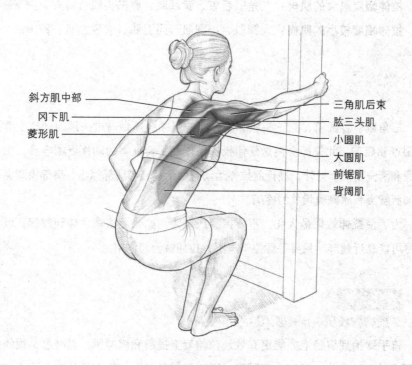

斜方肌中部
冈下肌
菱形肌

三角肌后束
肱三头肌
小圆肌
大圆肌
前锯肌
背阔肌

拉伸步骤

1. 面朝门口蹲下，右肩与门框内侧在一条线上。

2. 伸出右臂穿过门口，用右手抓住门框内侧与肩等高的位置。

3. 保持手臂伸直和双脚站稳，臀部向地面降低。

4. 另一只手臂重复此拉伸。

目标肌肉

拉伸幅度最大的肌肉：三角肌后束、斜方肌中部、肱三头肌、大圆肌、菱形肌、冈下肌

拉伸幅度较小的肌肉：背阔肌、小圆肌、冈上肌、前锯肌

拉伸说明

不当的姿势会对身体两侧产生负面影响，导致整体肌肉过度紧绷，但大部分人使用一只手臂多于另一只，因此一侧的肌肉会由于未使用而变得更紧。在做任何高过头顶的动作时，例如刷漆、清洗窗户或向上推举，可能会更加困难和痛苦。因此，有时可能需要拉伸一侧比另一侧多一些。此拉伸类似于单臂过顶运动，适合解决一侧肌肉比另一侧更紧所导致的问题。另外，通过借助重力单独拉伸一侧，此拉伸能获得比其他针对类似肌肉的拉伸更大的拉伸量，而且可减少在肩胛骨之间感受到的许多疼痛和不适。

更低的蹲位能实现更大的拉伸，但也会增加膝关节的压力和负担。因此，请小心不要蹲得太低，以至于感觉腿或膝关节疼痛。要减少膝关节上的负担，可改变抓住门框的位置。但是，改变抓住的位置会影响对各块肌肉施加的拉伸量（参见变化动作）。无论抓住何处，请保持背部挺直或向后伸展，不要弓起腰部。要获得更大的拉伸幅度，可向内旋转躯干。

变化动作

头顶肩内收肌和伸肌拉伸

抓住头部上方的门框内侧，会减少对斜方肌中部的拉伸，而增加对三角肌后束、背阔肌、肱三头肌、大圆肌和冈下肌的拉伸。开始拉伸时，面朝门口蹲下，右肩与门框内侧在一条线上。伸出右臂穿过门口，用右手抓住头上方十几厘米处的门框内侧。朝地面下放臀部来增大拉伸幅度。另一侧重复一次。

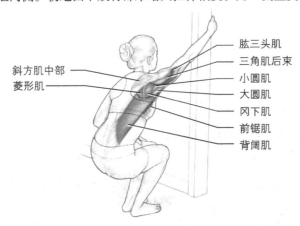

斜方肌中部
菱形肌

肱三头肌
三角肌后束
小圆肌
大圆肌
冈下肌
前锯肌
背阔肌

辅助肩外展肌拉伸

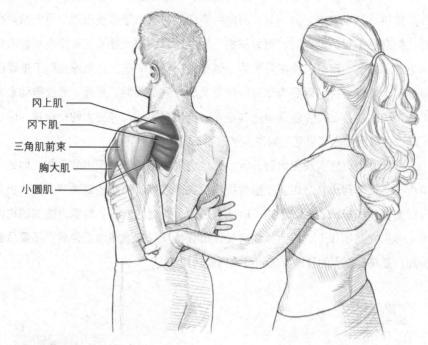

冈上肌
冈下肌
三角肌前束
胸大肌
小圆肌

安全提示
轻轻地向后上
方拉动肘部。

拉伸步骤

1. 站立位，双脚与肩同宽，脚尖朝前（图中展示局部）。

2. 将左臂放在背后，肘部弯曲约90°。

3. 让搭档站在背后，面朝你的后背并抓住你的左肘。

4. 搭档轻轻地向后上方拉动肘部，注意不要突然或用力牵拉。

5. 另一只手臂重复此拉伸。

目标肌肉

拉伸幅度最大的肌肉：冈上肌、冈下肌

拉伸幅度较小的肌肉：三角肌前束、胸大肌、小圆肌、喙肱肌

拉伸说明

人们反复做向前推的动作（例如使用手推式割草机）或下拉动作（例如操作滑轮系统将物体升离地面）时，冈上肌和冈下肌可能变紧。具体来讲，冈上肌在做高过头顶的运动时始终在工作，因此它在疲劳时很容易紧张。此拉伸也有助于减轻与肩部撞击、肩部滑囊炎、肩袖肌腱炎和冰冻肩相关的疼痛。

如果你曾被人将手臂扭到背后，就知道此运动有多疼痛。如果这些肌肉非常紧，疼痛会加剧。因此帮助进行此拉伸运动的人向后上方拉动练习者手臂时，一定要缓慢地进行。

肩内收肌拉伸

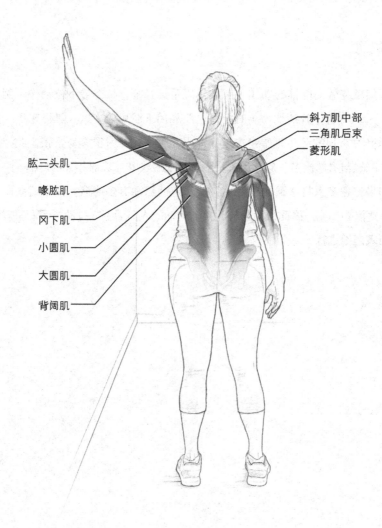

斜方肌中部
三角肌后束
菱形肌

肱三头肌
喙肱肌
冈下肌
小圆肌
大圆肌
背阔肌

拉伸步骤

1. 站立位，双脚与肩同宽，身体左侧朝向墙壁，距离墙壁约一臂长。
2. 将左手手掌放在墙上与肩同高的位置。
3. 让手指沿着墙壁逐渐地向上"走"，在没有疼痛的情况下，走到尽可能高的位置。
4. 把手平放在墙上，将身体重量压在这只手上。
5. 保持这个姿势一定的时间。
6. 另一只手臂重复此拉伸。

目标肌肉

拉伸幅度最大的肌肉： 喙肱肌、冈下肌、背阔肌、大圆肌、小圆肌、肱三头肌

拉伸幅度较小的肌肉： 三角肌后束、斜方肌中部、菱形肌

拉伸说明

这种拉伸使投掷动作以及在家里进行手臂越过头顶的一些活动，例如刷油漆和清洁窗户等更容易。此外，这种拉伸可以帮助减轻肩部撞击、肩部滑囊炎、肩袖肌腱炎和冰冻肩引起的疼痛。这项拉伸对于冰冻肩特别有效。当手指沿着墙壁向上"走"时，将身体重量压在手指上有助于加强肩外展肌，同时，当手指到达终点高度时，将重量压在手指上有助于拉伸肩内收肌。

保持手臂在身体和墙壁之间的一条直线上，使前、后肌肉的拉伸程度相同。将手向身体前部移动，会更多地拉伸后部肌肉；而将手向后移动则会更多地拉伸前部肌肉。你可以把这个拉伸和第 5 章中的中级躯干下部侧屈肌拉伸结合起来。

肩内旋肌拉伸

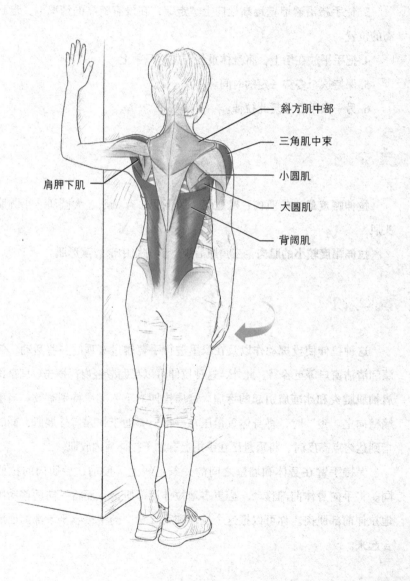

斜方肌中部

三角肌中束

小圆肌

大圆肌

背阔肌

肩胛下肌

拉伸步骤

1. 站立位，面向外墙角，左肩与墙角边缘对齐。

2. 双脚略分开。

3. 胸部尽量靠近墙壁，左肘屈曲 90°。

4. 左肘呈 90°，将左前臂和手掌平放在外墙角的另一面墙上。

5. 保持前臂和手掌平贴墙壁，向后退一步，转动胸部使其远离墙壁。

6. 转动，直到左肩和背部感到拉伸。

7. 另一只手臂重复此拉伸。

目标肌肉

拉伸幅度最大的肌肉：三角肌前束、三角肌中束、背阔肌、胸大肌、肩胛下肌、大圆肌

拉伸幅度较小的肌肉：胸小肌、小圆肌、斜方肌中部

拉伸说明

冰冻肩（粘连性关节囊炎）是因为不常使用手臂而形成的，特别是当你正从疾病或手术中恢复时。冰冻肩的症状表现为肩部僵硬和疼痛，通常刚开始是轻微的，但随着时间的推移会加重。如果你患有冰冻肩，你需要专业的医疗服务，这个拉伸可以预防和减轻症状。此外，这种拉伸有助于减轻肩部撞击、肩部滑囊炎、肩袖肌腱炎、上交叉综合征和姿势不良导致的胸肌紧绷引起的疼痛。

为了获得更好的拉伸效果，保持肘部呈 90°。一段时间后，当肌肉变得更加柔韧，你可以尝试不同的肘关节角度，可以超过或小于 90°，以确定孤立的肌肉是否需要额外拉伸。一旦你可以将身体从墙面旋转超过 45°，你就可以通过前倾身体来加强拉伸。如果很难找到外墙角，或者无法固定手肘，则可以抓住门框的内侧或门的内侧边缘。抓住门框或门并不会减弱这种拉伸的主要效果。

肩外旋肌拉伸

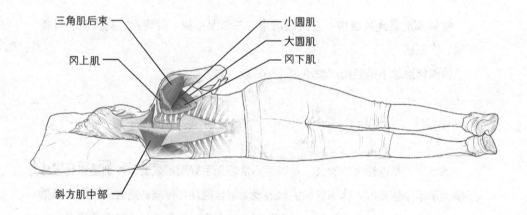

三角肌后束

小圆肌

大圆肌

冈下肌

冈上肌

斜方肌中部

拉伸步骤

1. 左侧卧，左臂与身体的距离至少低于水平位置 10°。
2. 背部向后倾斜，将身体的重量落在肩胛骨外侧缘。
3. 左肘屈曲 90°，手指指向天花板。
4. 右手抓住左肘，右前臂放在左前臂上。
5. 用右前臂往下轻压左前臂。
6. 另一只手臂重复此拉伸。

目标肌肉

拉伸幅度最大的肌肉：冈下肌、三角肌后束、小圆肌
拉伸幅度较小的肌肉：斜方肌中部、冈上肌、大圆肌

拉伸说明

除了拉伸肌肉外，这项运动也是拉伸肩部后关节囊的最佳方法之一。肩胛骨在拉伸过程中保持不动是很重要的。如果你能轻松地将前臂完全压平，同时几乎感觉不到肩部或背部的拉伸，那么肩胛骨就在移动。为了确保肩胛骨保持不动，支撑头部使其垂直于肩部，支撑背部使其向后倾斜，要使身体做出正确的姿势。首先仰卧（面朝上），外展双臂，使身体整体呈 T 字形。向一边滚动，将外展的手臂放在一起，直到手掌相合。然后，背部向后倾斜。

保持手臂与肩部的角度小于 90° 很重要。在肩关节呈 90° 的情况下做这个拉伸会导致肩部撞击，并可能损伤后关节囊。用一只手抓住另一侧肘部以及用一侧前臂对另一侧前臂施加压力有助于减少肩部撞击。不要用一只手把另一只手往下压。

171

第8章
颈部

　　7节颈椎连同关联的肌肉和韧带，构成了灵活的颈部结构。椎骨、肌肉和韧带协同支撑和移动头部。第一节、第二节颈椎具有独特的形状，分别称为寰椎和枢椎。寰椎是一个支撑颅骨的骨环。枢椎具有一个朝上的钉状突出，叫作齿突，为寰椎提供了一个转动的轴。枢椎和其他5节颈椎有一个朝后的骨隆突或棘突，其上附有大而粗的项韧带。与躯干一样，连接这些椎体（椭圆形骨骼）的是前后的韧带，以及将相邻两节椎骨上的棘突和横突（横向的骨隆突）连接起来的其他韧带。此外，每两节椎骨由一个椎间盘分开。通过挤压椎间盘上的椎骨，颈部可向前、向后和向侧方移动。

　　颈部肌肉位于两个称为颈前三角和颈后三角的三角区域中。颈前三角的边缘是下颌骨、胸骨和胸锁乳突肌。主要的颈前肌肉包括胸锁乳突肌和斜角肌（图8.1a）。颈后三角的边缘是锁骨、胸锁乳突肌和斜方肌。主要的颈后肌肉（图8.1b）包括斜方肌、头最长肌、头半棘肌和头夹肌。

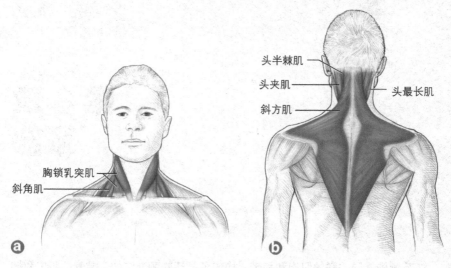

图 8.1　颈部肌肉：（a）颈前；（b）颈后

头部运动包括前屈（头前倾）、后伸（头后倾）、横向屈伸（头左右倾斜）和旋转。因为颈部肌肉是左右成对的，所以横向屈伸会涉及所有颈部肌肉。例如，右胸锁乳突肌有助于执行右侧屈，左胸锁乳突肌有助于执行右侧伸。颈部的前屈不仅受颈后肌肉僵硬度的限制，还受颈后韧带的僵硬度、前屈肌的力量、椎体与邻近椎骨的排列、椎间盘前部的可压缩性，以及下颌与胸的接触等的限制。类似地，颈部后伸不仅受颈前肌肉僵硬度的限制，还受颈前韧带的僵硬度、颈前肌肉的力量、椎体与邻近椎骨的排列及椎间盘后部的可压缩性的限制。最后，除了对侧肌肉和肌腱的僵硬度，颈部的侧向运动还受每节椎骨的横突与邻近椎骨横突的撞击的限制。

人们在拉伸时很少想到颈部肌肉。或许只有在发现颈部僵硬时，你才会注意到颈部的柔韧性问题。颈部僵硬常常与不舒适的睡姿（例如长途飞行时）或久坐有关，但它也可能由几乎所有类型的身体活动所引起。在必须长期保持头部位置稳定的活动中，更容易出现此问题。在头部位置很重要的运动中，例如高尔夫球运动，或者头部的快速运动对跟踪物体的飞行很重要的运动中，例如使用球拍的运动，颈部僵硬还可能带来负面影响。较差的颈部柔韧性通常是由头部长时间保持相同位置所导致的。此外，疲劳的颈部肌肉可能在运动后变僵。本章中的运动可帮助你避免在运动、保持不常见姿势或使用不合适的睡眠姿势后颈部变得僵硬。

　　因为颈部扭转涉及颈部的所有主要肌肉，所以拉伸颈部肌肉很容易。选择某种颈部拉伸运动时，首先应考虑的是在屈曲或伸展后肌肉是否会变得更僵硬。因此，在前两组运动中的第一个运动重点关注这些具体动作。通过单纯地屈曲或伸展获得更好的柔韧性后，可添加一种包含横向运动的拉伸。换句话说，要提高颈伸肌的柔韧性，首先从颈伸肌拉伸开始，在柔韧性提高后，再添加颈伸肌和旋转拉伸。

　　如果操作不当，拉伸颈部可能很危险。颈部的一些拉伸会使用一种所谓的犁式体位，即头部后面躺在一个平面上，躯干几乎与地面垂直。此体位可能在颈部的屈曲点造成很大的压力，尤其是对颈部柔韧性差的人而言。这种高压力可能损伤椎骨，也可能严重压迫前椎间盘。椎间盘压迫可能导致脊髓突出和压迫，进而损伤脊髓。此外，拉伸颈部时，应避免突然或快速地用力。突然用力可能导致挥鞭样损伤（颈椎过度屈伸损伤）；在最糟的情况下，挥鞭样损伤可能割断椎动脉，将齿突压迫进大脑延髓中，进而导致死亡。

颈伸肌拉伸

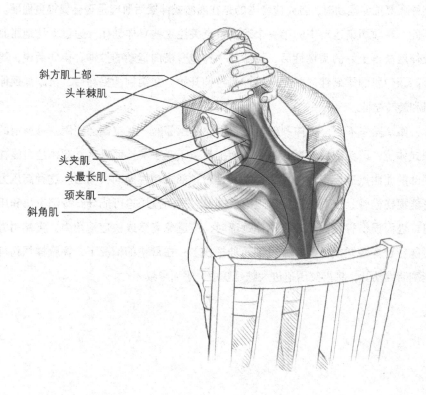

斜方肌上部
头半棘肌
头夹肌
头最长肌
颈夹肌
斜角肌

拉伸步骤

1. 舒适地坐着，背部挺直。
2. 双手交叉置于头后靠近顶部的位置。
3. 轻轻向下牵拉头部，尝试让下颌接触到胸部。

目标肌肉

拉伸幅度最大的肌肉：斜方肌上部

拉伸幅度较小的肌肉：头最长肌、头半棘肌、头夹肌、颈夹肌、斜角肌

拉伸说明

可坐着或站着进行此项拉伸运动。坐着适合更大幅度的拉伸，而站着会削弱拉伸效果，因为反射会发挥作用，防止你失去平衡。因此，建议坐着进行此项拉伸运动。拉伸期间，肩膀放低，因为耸肩会减少拉伸量；同时保持颈部尽可能伸直（没有弯曲）；尝试让下颌接触胸部尽可能低的位置。

人们紧张时常常会耸肩。经常耸肩会限制颈后肌肉放松的能力，使这些肌肉变得紧绷，加剧疼痛和疲劳，导致耸肩更严重。此外，在发生颈部损伤或挥鞭样损伤后，这些肌肉也可能变得紧绷。进行此拉伸运动可减轻疼痛和放松肌肉，进而大大减少耸肩。另外，颈伸肌必须保持放松，这样才能保持恰当的姿势，而保持恰当的姿势有助于减少肌肉劳损和紧绷。

颈伸肌和旋转拉伸

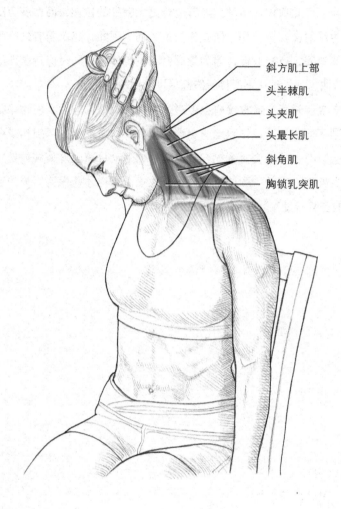

斜方肌上部
头半棘肌
头夹肌
头最长肌
斜角肌
胸锁乳突肌

拉伸步骤

1. 舒适地坐着，背部挺直。
2. 将右手放在头后靠近头顶的位置。
3. 向下和向右牵拉头部，使其朝向右肩。同时，下颌尽可能靠近右肩。
4. 另一侧重复此拉伸。

目标肌肉

拉伸幅度最大的肌肉：斜方肌上部、胸锁乳突肌

拉伸幅度较小的肌肉：头最长肌、头半棘肌、头夹肌、斜角肌

拉伸说明

颈伸肌柔韧性增强后，即可从同时拉伸颈部两侧进阶到单独拉伸左侧和右侧。一次拉伸一侧，可以更大幅度地拉伸肌肉。颈部的一侧常常比另一侧更僵硬。如果始终侧向一边睡觉，或者坐在桌旁并且不向前看，而是不断地向左或向右看，常常会发生这种情况。

同时拉伸颈部两侧肌肉时，最僵硬的肌肉会决定可施加的拉伸量。因此，如果一侧更柔韧，这一侧可能不会获得足够的拉伸量。通过单独拉伸每侧，可将更多的精力放在更僵硬的一侧。

可坐着或站着进行此项拉伸运动。尽管坐着可以获得更好的拉伸效果，但你可以选择感觉最合适的体位。

颈屈肌拉伸

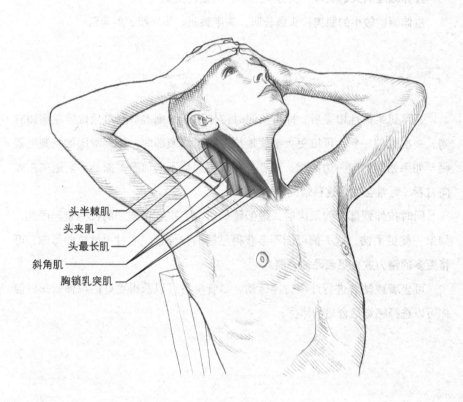

头半棘肌
头夹肌
头最长肌
斜角肌
胸锁乳突肌

拉伸步骤

1. 舒适地坐着，背部挺直。

2. 双手交叉，将手掌置于前额上。

3. 向后牵拉头部，使鼻子朝上。

目标肌肉

拉伸幅度最大的肌肉：胸锁乳突肌

拉伸幅度较小的肌肉：头最长肌、头半棘肌、头夹肌、斜角肌

拉伸说明

可坐着或站着进行此项拉伸运动。坐着时可执行更大幅度的拉伸，而站着会削弱拉伸效果，因为反射会发挥作用，以防止你失去平衡。因此，建议坐着进行此项拉伸运动。拉伸期间，肩膀放低，因为耸肩会减少拉伸量；还要尝试让下颌尽可能向后移动。

人们紧张时，常常会用力呼吸且保持肩膀抬高。这可能导致颈前肌肉疼痛和紧张。进行此项拉伸运动可暂时缓解这些情况。另外，颈屈肌必须保持放松，这样才能保持正确的姿势。如果让这些肌肉紧张，最终可能发生被称为秃鹫颈的姿态异常，即头部的位置看起来像秃鹫突出的头一样。要想保持正确的姿势，应一星期做几次此项拉伸运动。

颈屈肌和旋转拉伸

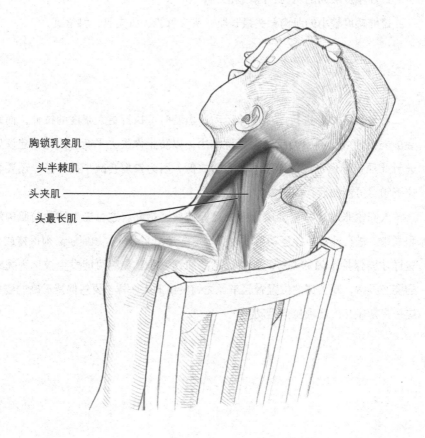

胸锁乳突肌 ————
头半棘肌 ————
头夹肌 ————
头最长肌 ————

拉伸步骤

1. 舒适地坐着，背部挺直。

2. 将右手置于前额上。

3. 向后和向右牵拉头部，使头朝向右肩。

4. 左侧重复此拉伸。

目标肌肉

拉伸幅度最大的肌肉：胸锁乳突肌

拉伸幅度较小的肌肉：头最长肌、头半棘肌、头夹肌

拉伸说明

颈屈肌柔韧性增强后，即可从同时拉伸颈部两侧进阶到单独拉伸左侧和右侧。一次拉伸一侧，可以更大幅度地拉伸肌肉。这对弯腰驼背、头主要偏向一侧的人尤为重要。

同时拉伸颈部两侧时，最僵硬的肌肉会决定可施加的拉伸量。因此，更柔韧的一侧无法获得足够的拉伸量。通过单独拉伸每侧，可将更多的精力放在更僵硬的一侧。

可坐着或站着进行此项拉伸运动。尽管坐着可以获得更好的拉伸效果，但你可以选择感觉最合适的体位。

9

第 9 章
动态拉伸

与静力性拉伸相比，动态拉伸可以用一种更特别的方式让肌肉和关节做好准备，因为动态拉伸中身体正在完成它可能会在接下来的运动中反复执行的动作。在动态拉伸中，在你为活动做准备的整个过程中，你的身体都处于活跃的状态。这种持续的活动可以提高并保持较高的体温，因此，其成为热身的一个重要部分。相比之下，在做静力性拉伸时，体温通常会轻微下降或没有变化。动态拉伸能够更精确地模拟身体运动，使肌肉为实际的运动做好准备。这增强了对神经和肌肉的训练效果。动态拉伸不太可能像其他拉伸方法（如第 1 章所述的弹震式拉伸、本体感觉神经肌肉促进拉伸和静力性拉伸）一样导致运动表现下降。

与其他运动一样，执行动态拉伸时，必须遵守特定的准则和原则。

- 在一次有效的热身中，动态拉伸应持续 10 到 15 分钟或每次拉伸重复 10 到 20 次。

- 执行一项特定活动时观察初始的身体姿势，然后确保从相同的初始姿势开始动态拉伸。

- 了解每个关节的活动范围。动态拉伸的活动范围只能稍微超出准备活动的活动范围。

- 动态拉伸应严格地重复在运动期间使用的动作。应使用正确的技术，使用在运动中通常会使用的所有肌肉。如果动态拉伸模仿一项特定的运动技能，例如高抬腿，那么拉伸应使用该技能的特定因素。如果你尽可能仔细地模仿该技能，你就可加强对该技能特征的学习，消除引入错误技术的可能性。

· 动作太快或产生足够的冲力以至于大大超出关节的活动范围，都会增加受伤的风险。

· 执行动态拉伸时，可在同一个位置执行重复动作或移动一段设定的距离。无论是留在原地还是移动，都应缓慢地开始每次拉伸，在每次重复时渐进地增加动作范围、加快运动速度。例如，如果移动一段距离，首先行走，进而跳跃，最后跑动。

· 动态拉伸可单独或组合进行。组合两种或多种拉伸会给计划带来多样性，让你能够更好地模仿更复杂的技能。

　　总之，每次动态拉伸都应重复 10 到 20 次，可以在原地进行，也可以在一段设定的距离内移动进行；你应该渐进地增加动作范围、加快运动速度；在整个拉伸过程中肌肉应保持收缩；你应在每次重复时使用正确的技术，就像在正常完成该动作一样；你还必须通过执行没有弹跳的有意识的动作，来确保运动完全可控。

　　准备参加竞赛或娱乐活动的人可使用以下动态拉伸作为运动前的热身活动。在大部分情况下，它们对几乎所有体育运动都有帮助。这些动态拉伸针对身体中的主要肌群，并且非常容易执行。如果在计划中包含这些运动前的动态拉伸，训练或运动会变得更有趣。在第 11 章中，你会看到针对各种体育运动的更具体的计划和建议，在判断哪些拉伸运动适合自己时，你将会有多种选择。

动态髋外旋肌和内旋肌拉伸

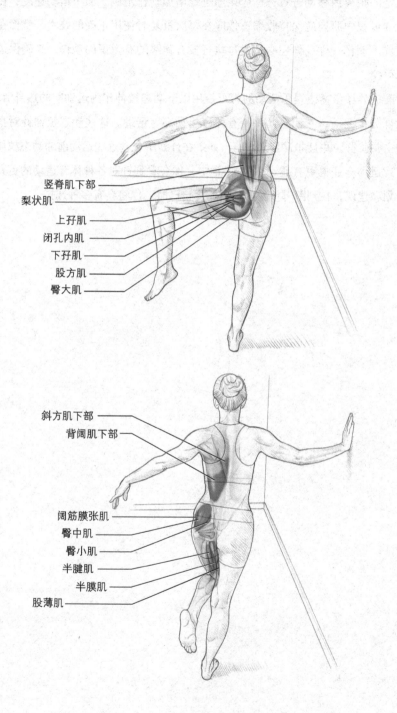

竖脊肌下部
梨状肌
上孖肌
闭孔内肌
下孖肌
股方肌
臀大肌

斜方肌下部
背阔肌下部

阔筋膜张肌
臀中肌
臀小肌
半腱肌
半膜肌
股薄肌

拉伸步骤

1. 右脚站立，膝关节伸直。身体右侧面向一个支撑面，例如一面墙。扶住支撑物上与肩等高的位置。

2. 稍微弯曲左膝和髋部，让左腿在放松状态下垂，作为此动态拉伸的起点。

3. 围绕髋部摆动并旋转屈曲的左腿，以动态方式向内和向外做圆周运动。

4. 保持躯干直立，围绕髋关节进行圆周运动。

5. 另一条腿重复此拉伸。

目标肌肉

向外旋转时拉伸幅度最大的肌肉：臀大肌、臀中肌、臀小肌、梨状肌、上孖肌、下孖肌、闭孔外肌、闭孔内肌、股方肌、竖脊肌下部（髂肋肌、最长肌、棘肌）

向内旋转时拉伸幅度最大的肌肉：臀中肌、臀小肌、阔筋膜张肌、半腱肌、半膜肌、股薄肌、背阔肌下部、斜方肌下部

拉伸说明

髋外旋肌位于臀大肌下方的髋部深层组织内。这些特定的肌肉受到不常见的应力或参加日常生活中不常见的活动后，可能变得酸痛或紧绷。酸痛或紧绷常常是因为在一些活动中大量使用髋外旋肌和内旋肌，例如，滑冰、轮滑或自由式越野滑雪。许多其他活动也很容易导致肌肉在活动后不舒服或疼痛，例如，需要冲刺、跳跃和突然改变方向的即兴足球运动。

在随后的几天中，如果这些特定肌肉仍然酸痛或紧绷，那么在开始进行需要髋部外旋或内旋的活动之前，可通过此动态拉伸来热身。这种动态拉伸会提高肌肉运动的效率，提高你在许多体育运动中的整体表现。

动态髋内收肌和外展肌拉伸

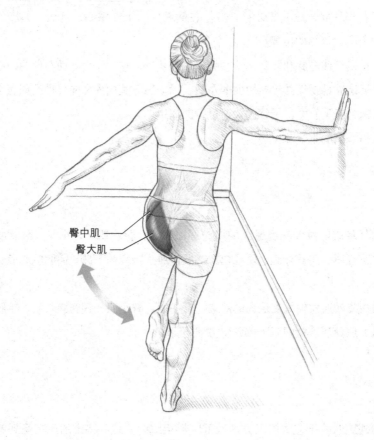

臀中肌
臀大肌

拉伸步骤

1. 右脚站立，膝关节伸直。身体右侧面向一个支撑面，例如一面墙。扶住支撑物上与肩等高的位置。

2. 稍微屈曲左膝和髋部，让左腿在放松状态下垂，作为此动态拉伸的起点。

3. 在身体前方动态地左右摆动左腿，留出足够的间隙，以避免碰到右腿。确保摆动腿的膝关节保持稍微屈曲。

4. 保持躯干直立，使用位于大腿和髋部内侧的内收肌与大腿和髋部外侧的外展肌来使髋关节完成该运动。

5. 另一条腿重复此拉伸。

目标肌肉

大腿内侧拉伸幅度最大的肌肉：股薄肌、大收肌、长收肌、短收肌、耻骨肌、缝匠肌中部和下部、半腱肌、半膜肌

大腿外侧拉伸幅度最大的肌肉：臀中肌、臀小肌、臀大肌、阔筋膜张肌、缝匠肌上部

拉伸说明

髋部和大腿内侧与外侧的肌肉非常大。它们分别被称为内收肌群和外展肌群。这些肌肉负责髋部内收（将腿朝身体中线的方向移动）和外展（将腿朝远离身体中线的方向移动）。它们也将双腿保持在身体正下方，在执行日常活动时起到稳定的作用。参与一些不常见的运动或活动，例如反复爬楼梯或登山、下山，可能导致这一区域的肌肉酸痛或疲劳，这种情况很容易在随后几天中持续。定期拉伸可以减轻一些症状。非常建议在参加体育运动或其他重体力活动之前或之后拉伸内收肌群和外展肌群，以帮助防止损伤或出现这些症状。

对于感觉大腿内侧或外侧的肌肉疼痛或经常僵硬的人，这是一种很有帮助且有效的运动前动态拉伸。身体所有区域的疼痛常常是肌肉酸痛导致的。肌肉酸痛时，人常常会感觉到它们很僵硬。存在此情况的人倾向于限制受影响肌肉的活动范围来避免疼痛。因此，严重的疼痛会显著影响正常的日常活动。存在肌肉酸痛或紧绷的人在开始一项运动之前，应专门尝试动态地活动损伤的肌肉，而不是避免运动。在活动前对髋内收肌和外展肌进行此动态拉伸，会提高这些肌群的柔韧性和温度，进而会降低损伤的可能性或严重性，还可能提高运动能力。

动态髋屈肌和伸肌拉伸

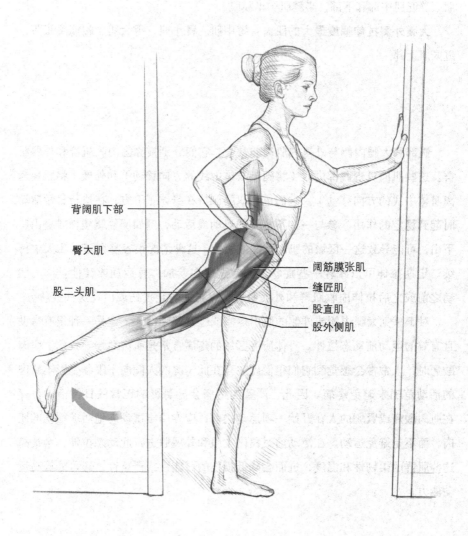

背阔肌下部

臀大肌

股二头肌

阔筋膜张肌

缝匠肌

股直肌

股外侧肌

拉伸步骤

1. 面朝门的一侧，左腿单腿站立，膝盖伸直，扶住与肩等高的支撑物。
2. 稍微屈曲右膝和髋部，让右腿在放松状态下垂，作为此动态拉伸的起点。
3. 保持右腿稍微弯曲，动态地前后摆动右腿。
4. 保持躯干直立，使用髋屈肌和伸肌让髋关节前屈和后伸。
5. 另一条腿重复此拉伸。

目标肌肉

髋前侧拉伸幅度最大的肌肉： 股四头肌（股直肌、股外侧肌、股中间肌、股内侧肌）、阔筋膜张肌、缝匠肌

髋后侧拉伸幅度最大的肌肉： 臀大肌、腘绳肌（半腱肌、半膜肌、股二头肌）、竖脊肌下部（髂肋肌、最长肌、棘肌）、背阔肌下部

拉伸说明

大多数体育运动中都会大量使用髋屈肌和伸肌。这些肌肉经常最先疲劳，进而性能下降。如果运动员继续使用这些肌肉，就会发生肌肉酸痛和紧绷。如果它们没有得到适当拉伸，腘绳肌和股四头肌很可能会变得更加紧绷。在训练期间显著提高速度、增加跑动距离或增加上坡运动量的运动员，其腘绳肌和股四头肌经常会紧绷。在运动期间，随着肌肉变暖，肌肉紧张可以减轻，但当运动员停止运动时，疼痛可能复发。因此，在运动后适当地拉伸特别重要。

同样重要的是，在参加常规性锻炼之前进行动态拉伸。这种对髋屈肌和伸肌的动态拉伸，将减少在大量运用这些肌肉时可能遇到的一些问题。建议在进行高强度锻炼之前，将此拉伸作为热身运动。

动态站姿膝屈肌拉伸

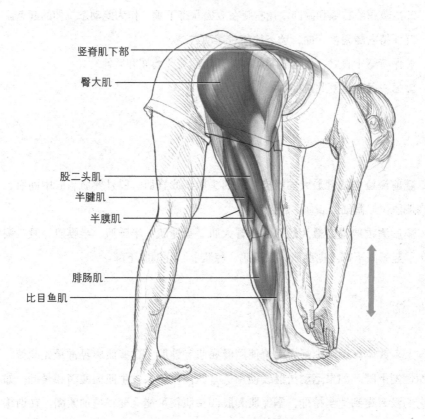

竖脊肌下部
臀大肌
股二头肌
半腱肌
半膜肌
腓肠肌
比目鱼肌

拉伸步骤

1. 站立位，右脚跟在左脚跟前方 30 ～ 60 厘米。
2. 保持右膝伸直，左膝稍微弯曲，朝右膝方向弯曲躯干。
3. 双手伸向右脚。
4. 通过上下运动躯干来动态地执行此拉伸。
5. 另一条腿重复此拉伸。

目标肌肉

拉伸幅度最大的肌肉： 腘绳肌（半腱肌、半膜肌、股二头肌）、臀大肌、腓肠肌、竖脊肌下部（髂肋肌、最长肌、棘肌）

拉伸幅度较小的肌肉： 比目鱼肌、跖肌、腘肌、趾长屈肌、跨长屈肌、胫骨后肌

拉伸说明

参加一项运动但未做正确的拉伸，更可能导致腘绳肌紧绷。腘绳肌紧绷在许多运动员和参加娱乐活动的人中很常见。在运动中，随着这些肌肉变暖和，肌肉紧张可以减轻，但当运动员停止运动时，疼痛又可能复发。

紧绷常常表明存在轻微或严重的肌肉拉伤，这种情况主要在运动后发生。此外，肌肉力量不平衡，如膝伸肌比腘绳肌更强壮或臀肌比股后肌群更松弛，也会导致紧绷。因此，在运动后适当地拉伸特别重要，因为此时肌肉暖和且更容易被拉伸。

此拉伸是常见的运动前腘绳肌和小腿肌群拉伸。大多数运动都会用到腘绳肌，而且之前的运动可能让你觉得这些肌肉不舒服。在任何类型的健身运动中，腘绳肌都可能发生轻微的疼痛和紧绷。轻微拉伸这些肌肉的最佳时机是在开始另一项运动之前。在大多数情况下，轻微的动态拉伸将减轻这些不适的症状，在完成这些动态拉伸后你会感觉好多了。

要获得更好的拉伸效果，可尝试保持右膝伸直，从髋部向前折叠躯干。保持背部尽可能挺直也很重要。如果腘绳肌外侧紧绷，可稍微朝外转动右足，朝右膝内侧方向弯曲头部和躯干，以增加对股二头肌的拉伸。另外，稍微朝内转动右足并朝膝关节外侧弯曲头部和躯干，会增加对位于腘绳肌内侧的半腱肌和半膜肌的拉伸。

动态跖屈肌拉伸

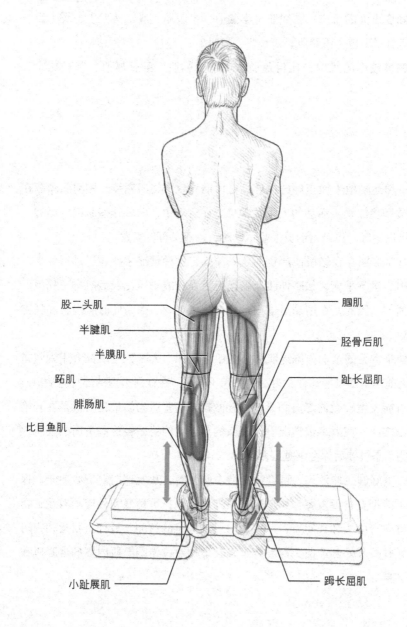

股二头肌

半腱肌

半膜肌

跖肌

腓肠肌

比目鱼肌

小趾展肌

腘肌

胫骨后肌

趾长屈肌

蹦长屈肌

拉伸步骤

1. 站立在台阶或横梁边缘，将双足中部放在边缘上。

2. 至少用一只手抓住支撑物，并保持双膝伸直（图中展示背侧）。

3. 尽可能降低脚跟，以上下摆动的方式动态地进行此拉伸。每次向上运动时，确保脚恢复到中立位置；在向下运动时，尽可能舒服地降低脚跟。

目标肌肉

拉伸幅度最大的肌肉：腓肠肌、比目鱼肌、跖肌、腘肌、趾长屈肌、趾短屈肌、蹞长屈肌、蹞短屈肌、胫骨后肌、蹠方肌、小趾短屈肌、小趾展肌、蹞展肌

拉伸幅度较小的肌肉：腘绳肌（半腱肌、半膜肌、股二头肌）

拉伸说明

此拉伸常常在运动后进行，但也非常建议将其用作运动前的拉伸。人们在一天的大部分时间内都会大量使用小腿肌群，它们在行走、跑动和跳跃运动中承载着大部分负荷。小腿肌群自然会劳累过度，这有时会导致严重的问题，例如肌腱炎甚至肌肉撕裂。作为运动前的拉伸，这种对跖屈肌的动态拉伸会减少在大量使用这些肌肉时可能遇到的一些问题。建议在进行高强度运动之前将此拉伸作为热身运动。同时，在整体训练计划中也应该加上运动后的静力性跖屈肌拉伸。

穿着鞋子做此拉伸会更舒服。请始终支撑着身体。如果身体没有支撑可能导致肌肉收缩而不是拉伸。进行此运动时不要过度拉伸这些肌肉。从容易的级别开始，缓慢地进阶到强度更高的级别。

动态躯干侧屈拉伸

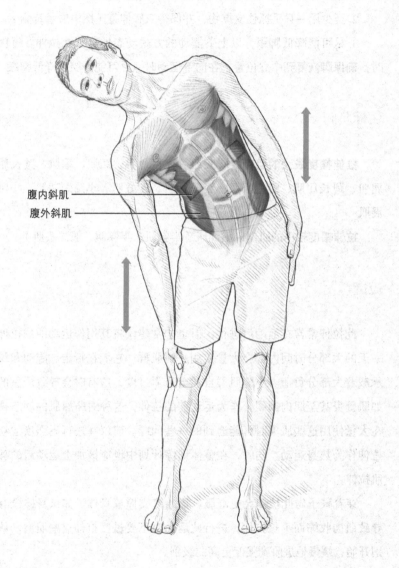

腹内斜肌 ——

腹外斜肌 ——

拉伸步骤

1. 站立位，双足与肩同宽。

2. 让双臂自然下垂在身体两侧。

3. 借助双臂，以动态方式朝两侧来回弯曲躯干。当你向右弯曲躯干时，右臂朝膝关节方向沿右腿下滑。回到起始姿势，然后向左弯曲躯干。交替执行右侧和左侧拉伸。

4. 让所有的动态拉伸发生在躯干两侧。

目标肌肉

拉伸幅度最大的肌肉：腹外斜肌、腹内斜肌、横突间肌、多裂肌、腰方肌、回旋肌

拉伸说明

躯干侧屈拉伸运动常常用在常规的非特殊体育运动中。因为每天多次有规律地朝不同方向弯曲躯干，你可能会感到这些肌肉有某种不寻常的紧绷或酸痛，并希望减轻这些不适。你可在侧屈的同时旋转躯干。这两种肌肉运动会涉及躯干伸肌、屈肌和侧屈肌。增加所有躯干下部肌肉的活动范围，可增加躯干侧屈的活动范围，改善非特殊体育活动中的运动表现。

这些核心肌群也常常被用作稳定肌群，允许其他肌肉施加力量。因此，保持这些肌肉处于良好的状态很重要。如果这些肌肉没有发挥出全部功能，将会影响其他肌肉的功能，你的活动水平和运动表现自然也会下降。

进行任何类型的躯干侧屈运动之前，一定要预热这些肌肉。以动态方式执行此拉伸无疑很有帮助。同时这也会降低这些肌肉在活动期间发生损伤或不适的可能性。

动态躯干回旋肌拉伸

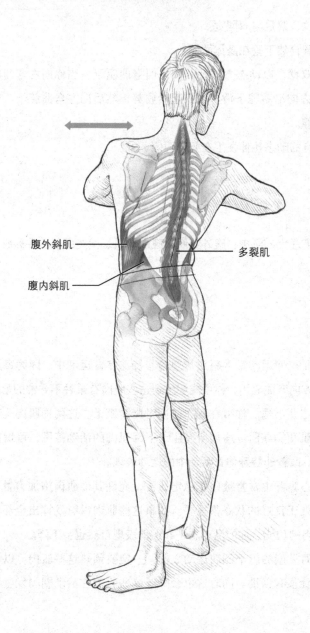

腹外斜肌

腹内斜肌

多裂肌

拉伸步骤

1. 站立位，双足与肩同宽；也可坐着执行此拉伸。
2. 屈曲双肘并将双手放在胸前。在拉伸期间将双臂保持在此位置。
3. 借助双臂，以动态方式朝每侧来回旋转躯干。
4. 保持躯干伸直，让动态运动发生在躯干处。

目标肌肉

拉伸幅度最大的肌肉：多裂肌、回旋肌、腹外斜肌、腹内斜肌

拉伸说明

躯干被认为是身体的核心区域。转体是许多体育运动以及日常活动中一种常见的运动。在日常活动中你可能会定期屈曲躯干，或许每天几百次。你可能会在此区域遇到肌肉问题，这不足为奇。此外，高尔夫球、网球和投掷运动等众多体育活动也需要旋转躯干。

旋转躯干牵连到躯干伸肌、屈肌和侧屈肌。增加所有躯干下部肌肉的活动范围，可增加转体的活动范围，改善涉及这些动作的活动中的运动表现。在进行任何类型的转体运动之前预热这些肌肉无疑很有帮助。以动态方式进行此拉伸也可模仿这些活动中涉及的特定运动模式。同时这会降低这些肌肉在活动期间发生损伤或不适的可能性。

动态肩部屈伸拉伸

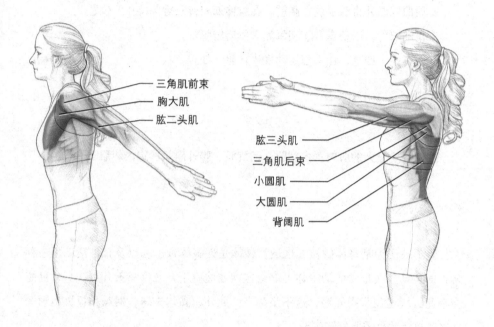

三角肌前束
胸大肌
肱二头肌

肱三头肌
三角肌后束
小圆肌
大圆肌
背阔肌

拉伸步骤

1. 站立位，双足与肩同宽，双臂下垂于髋部旁边（图中展示局部）。

2. 在整个活动范围内尽可能远地、动态地前后摆动双臂。

3. 保持躯干直立，让这个动态运动发生在肩关节处。

目标肌肉

前摆手臂时拉伸幅度最大的肌肉：三角肌后束、背阔肌、大圆肌、小圆肌、肱三头肌

后摆手臂时拉伸幅度最大的肌肉：肱二头肌、喙肱肌、三角肌前束、胸大肌

拉伸说明

在参加任何需要低手或高手抛的竞赛或娱乐活动时，都会大量使用这些肌肉。季节性而不是全年都参加这些活动的人，肩部很可能出现紧绷或酸痛。这是一项不错的运动前拉伸，只要感觉到这些肌肉紧绷或疼痛，你就应该执行它。这种预热拉伸也是放松肌肉，强化许多涉及肩部屈伸的体育运动中存在的摆动模式的不错方式。此拉伸可模仿实际运动中投掷物体时的动作模式。在这些活动前后有规律地拉伸这些肌肉，可防止肌肉进一步酸痛和紧绷。任何时候参加这些活动，都应该拉伸这些肌群。使用此动态拉伸热身，可使身体为运动做好准备，同时降低这些肌群发生损伤或不适的可能性。

动态肩胛带外展和内收拉伸

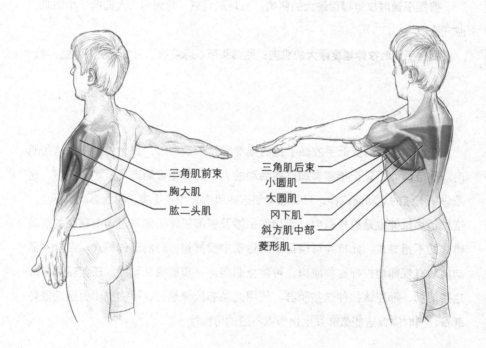

三角肌前束
胸大肌
肱二头肌

三角肌后束
小圆肌
大圆肌
冈下肌
斜方肌中部
菱形肌

拉伸步骤

1. 站立位，双足与肩同宽（图中展示局部）。

2. 朝两侧展开双臂，稍微低于肩部。

3. 在胸前左右来回摆动双臂，将双臂尽可能朝身体内侧移动，使它们彼此交叉。

4. 保持躯干直立，让此动态运动发生在肩关节处。

目标肌肉

朝外摆动时拉伸幅度最大的肌肉：胸大肌、胸小肌、三角肌前束、喙肱肌、肱二头肌

朝内摆动时拉伸幅度最大的肌肉：斜方肌中部、菱形肌、三角肌后束、大圆肌、小圆肌、冈下肌、冈上肌

拉伸说明

对于参加任何需要使用球拍的娱乐性或竞赛性运动（例如网球、羽毛球、壁球和回力网球）的人，此拉伸是一项不错的热身运动。此拉伸可减轻肩胛骨之间以及胸部的疼痛和紧绷。这也是一个很好的方式来放松你的挥杆模式，会带来更顺畅的表现。此拉伸可预热这些肌肉，消除运动前的酸痛或紧绷，而且它可模仿运动期间遇到的动态运动模式。使用此动态拉伸热身，可使身体为运动做好准备。开始任何类型的训练、体育运动或重体力活动之前，执行一系列轻微拉伸肯定会有好处。这些轻微拉伸降低了这些肌群发生损伤或不适的可能性。

动态肩部环绕拉伸

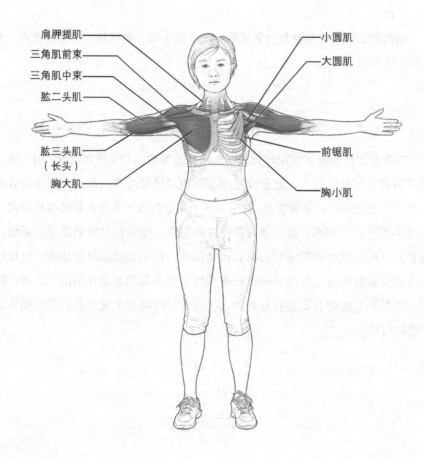

肩胛提肌
三角肌前束
三角肌中束
肱二头肌
肱三头肌
（长头）
胸大肌

小圆肌
大圆肌

前锯肌

胸小肌

拉伸步骤

1. 站立位，双脚分开，与肩同宽。

2. 手臂向两侧伸直，尽量与地面平行。

3. 旋转手臂，使拇指向上。

4. 双臂小幅度向前做绕圈运动。

5. 慢慢地绕更大的圈，直到肩部和腋窝有拉伸感。

6. 手臂向反方向旋转（向后旋转），重复这个动作。

目标肌肉

拉伸幅度最大的肌肉：肱二头肌、喙肱肌、三角肌（前束、中束、后束）、冈下肌、背阔肌、胸大肌、冈上肌、大圆肌、小圆肌、斜方肌、肱三头肌（长头）

拉伸幅度较小的肌肉：胸小肌、肩胛提肌、菱形肌、前锯肌、头夹肌、肩胛下肌、锁骨下肌

拉伸说明

那些整天都在计算机前工作的人，或者参加需要低手或高手投掷的竞赛性或娱乐性活动的人，通常会感到肩痛。这项拉伸可以通过手臂绕圈使肩部进行全方位运动，来帮助减轻肩痛。除了拉伸肌肉，其还可以在一定程度上加强肌肉。

在做这个拉伸时，保持正确的姿势很重要。站直，肩膀向后打开（不要耸肩）。姿势不当会使整个肩袖和关节囊受力过大。落肩和圆肩也会提高肩部撞击的概率。不要将手臂举到高过肩膀，或举到能引起疼痛的高度。另外，确保手臂转圈的大小不会造成疼痛。如果做这个练习感到疼痛，或者在练习过程中手臂变得沉重，可以把每只手放在同侧的肩膀上，用肘部旋转来缩短力矩。

10

第10章
日常灵活性和柔韧性拉伸计划

任何对提升身体柔韧性、肌肉力量和力量耐力感兴趣的人，都可以进行本章所提供的拉伸训练。随着年龄的增长，人体的平衡能力会逐渐减弱。在日常生活中增加拉伸练习，能够有效改善人体平衡能力。要想提升身体机能，需要制订一个定期的拉伸计划，最好是每天都能完成。身体的改善不会在一两天内实现，需要经过几周的锻炼才能见到成效。

无论你是否正在进行其他类型的锻炼，都可以执行这些计划。坚持拉伸练习，即使不增加其他运动，身体的柔韧性也会提高，同时，身体的力量、力量耐力以及平衡性都会有所提升。

与其他运动项目一样，有效的拉伸练习需要循序渐进地进行。拉伸过程应该是渐进的，从时间短、程度轻的训练开始，逐步向时间长、程度重的训练过渡。对于拉伸训练，初学者需从初始阶段开始，然后向高级阶段迈进。可以根据自己目前的经验水平和身体柔韧性来定制拉伸训练。

当你的锻炼计划需要调整时，训练强度是一个关键因素。在拉伸运动中，强度是由拉伸带来的疼痛程度控制的。换句话说，强度就是拉伸肌肉时对肌肉所施加的力量。强度可以使用0～10分的疼痛等级表示。轻度拉伸（1～3分），疼痛感较轻，通常会随着拉伸时间的延长而消散。轻度拉伸是指将某一特定肌群拉伸到刚好有拉伸感的程度，伴有轻度疼痛。

中度拉伸（4～6分），你能感到被拉伸肌肉的疼痛感增加至中度。重度拉伸（7～10分），你会感到中度到重度的疼痛，但随着拉伸的继续，疼痛感会慢慢消失。

其实，对于提升柔韧性和力量来说，重度拉伸比轻度拉伸效果更好。因此，训练是否有效果取决于你自己，拉伸强度和疼痛忍受度决定了你身体改善的速度和程度。训练强度是所有训练计划效果的关键因素，同样适用于拉伸训练。

由于肌肉附着点的复杂性，许多拉伸运动能够同时影响人体的多个肌群，牵拉多个关节周围的肌群。因此，一个微小的身体姿势变化就会改变对特定肌肉的拉伸的性质。为了使肌肉得到最大的拉伸效果，了解每一块肌肉的功能是很有必要的。在每个拉伸动作中都使各个关节的活动范围达到最大，可最大限度地拉伸相应肌肉。

本章提供的训练指南就拉伸时长、两次拉伸之间的休息时间以及需要的重复次数给出了具体说明。按照指南进行训练，效果会更好。例如，如果训练指南要求你保持拉伸姿势 10 秒，请计时或数出拉伸时间，确保达到要求的时长。另外，每周只需要进行 2 ～ 4 次重度拉伸训练，并且在两次重度拉伸训练之间做一次轻度拉伸训练。

在你的拉伸计划开始时，每一次拉伸都以轻度拉伸开始，把轻度拉伸当作热身运动。在轻度拉伸之后，进入常规训练。你需要慢慢建立拉伸承受力，随着身体柔韧性的提高，逐步加大拉伸强度。承受力可以通过定期拉伸训练来建立，对任何类型的锻炼项目都是如此。拉伸也是一种锻炼，和其他的锻炼项目没有区别。

对于需要坐下或躺下的拉伸运动，可以在身下垫一块柔软的地毯或运动垫来缓冲压力，这样你在拉伸时会感觉更舒适、愉快。但是，缓冲垫不能太软，否则会削弱拉伸效果。

任何拉伸运动都要遵循的一般指导原则

- 拉伸计划要包含身体的主要肌群。
- 每个部位至少进行一次拉伸。
- 在进行任何体育活动之前，仅将轻度拉伸作为热身运动。
- 常规训练后，进行中等强度的拉伸运动。
- 如果运动后肌肉酸痛，仅做 2 ～ 3 次轻度拉伸，每次拉伸保持 5 ～ 10 秒，两次拉伸之间休息 5 ～ 10 秒。

- 如果肌肉酸痛持续数天，继续进行两三次轻度拉伸，每次拉伸保持 5 ～ 10 秒。
- 大多数拉伸是静态拉伸。

整体日常灵活性和柔韧性基本拉伸计划

第 2 章到第 8 章中提到的所有拉伸尽量以静态方式进行，即保持拉伸一定时间。在慢跑或举重等其他锻炼结束时，进行几次静态拉伸，这样锻炼效果比较好。对于普通的身体柔韧性来说，可以遵循能力水平的指导以及表 10.1 ～表 10.4 中详细列出的拉伸基本指导。在表 10.5 ～表 10.7 中，你会发现拉伸运动能够使非体育活动受益。

表 10.8 包含一种特殊的拉伸计划，可以帮助糖尿病初期患者或糖尿病患者降低血糖。2011 年，《物理治疗杂志》（*Journal of physiotherapy*）发表了一项由纳尔逊（Nelson）、科科宁（Kokkonen）和阿诺尔（Arnall）共同完成的研究。研究显示，被动静态拉伸可以在 20 分钟后将患者的血糖含量平均降低 18%，40 分钟后平均降低 26%。他们得出的结论是，静态拉伸是一种可行的治疗方式，可以极大地帮助患者调节血糖。此外，由于拉伸运动几乎不需要患者费力，对那些体能较弱的患者来说，是一种很有利的治疗方式。拉伸运动可以在没有任何设备、设施或费用的情况下进行，是一种适用于所有糖尿病患者的治疗方式。然而，该研究中的拉伸运动都是患者靠他人的帮助被动完成的，如果患者自主进行拉伸运动，降低血糖的效果可能会更好。

初级水平

1. 保持拉伸姿势 5 ～ 10 秒。

2. 两次拉伸之间休息 5 ～ 10 秒。

3. 每个拉伸动作重复 2 ～ 3 次。

4. 使用 1 ～ 3 分的拉伸强度（轻度疼痛）。

5. 每次训练共拉伸 15 ～ 20 分钟。

6. 每周拉伸 2 ～ 3 次。

7. 进入下个阶段之前，至少坚持 4 周。

表 10.1　初级静态拉伸训练

部位	拉伸	页码
颈部	颈伸肌拉伸	176
	颈屈肌拉伸	180
肩、背和胸	初级肩屈肌拉伸	146
	坐姿肩屈肌、下降肌和后缩肌拉伸	154
	初级肩伸肌、内收肌和后缩肌拉伸	156
手臂、手腕和手掌	肘屈肌拉伸	112
	肱三头肌拉伸	110
	借助哑铃的前臂旋前肌拉伸	118
	初级腕伸肌拉伸	122
	初级腕屈肌拉伸	126
躯干下部	仰卧躯干下部屈肌拉伸	90
	坐姿躯干下部伸肌和侧屈肌拉伸	97
	初级躯干下部侧屈肌拉伸	100
髋部	初级坐姿髋外旋肌拉伸	64
	髋和背伸肌拉伸	62
	坐姿髋内收肌和伸肌拉伸	78
膝和大腿	初级坐姿膝屈肌拉伸	40
	初级坐姿膝伸肌拉伸	50
足部和小腿	初级坐姿趾伸肌拉伸	12
	初级坐姿趾屈肌拉伸	16
	初级跖屈肌拉伸	20

中级水平

1. 保持拉伸姿势 15 ～ 20 秒。

2. 两次拉伸之间休息 15 ～ 20 秒。

3. 每个拉伸动作重复 3 ～ 4 次。

4. 使用 4 ～ 6 分的拉伸强度（中度疼痛），每周 2 ～ 3 次。

5. 使用 1 ～ 3 分的拉伸强度，每周 2 次或 3 次。

6. 每次训练共拉伸 30 ～ 40 分钟。

7. 每周拉伸 4 ～ 5 次。

8. 进入下个阶段之前，至少坚持 4 周。

表 10.2　中级静态拉伸训练

部位	拉伸	页码
颈部	颈伸肌拉伸	176
	颈屈肌拉伸	180
肩、背和胸	中级肩屈肌拉伸	148
	坐姿肩屈肌、下降肌和后缩肌拉伸	154
	中级肩伸肌、内收肌和后缩肌拉伸	158
手臂、手腕和手掌	肘屈肌拉伸	112
	肱三头肌拉伸	110
	借助哑铃的前臂旋前肌拉伸	118
	中级腕伸肌拉伸	124
	中级腕屈肌拉伸	128
躯干下部	仰卧躯干下部屈肌拉伸	90
	中级躯干下部侧屈肌拉伸	102
髋部	中级坐姿髋外旋肌和伸肌拉伸	66
	髋和背伸肌拉伸	62
	坐姿髋内收肌和伸肌拉伸	78
膝和大腿	中级站姿膝屈肌拉伸	42
	中级侧卧膝伸肌拉伸	52
足部和小腿	初级坐姿趾伸肌拉伸	12
	初级坐姿趾屈肌拉伸	16
	初级跖屈肌拉伸	20

高级水平

1. 保持拉伸姿势 25 ～ 30 秒。

2. 两次拉伸之间休息 25 ～ 30 秒。

3. 每个拉伸动作重复 5 次。

4. 使用 7 ～ 10 分的拉伸强度（重度疼痛），每周 2 ～ 3 次。

5. 使用 1 ～ 6 分的拉伸强度，每周 2 次或 3 次。

6. 每次训练共拉伸 50 ～ 60 分钟。

7. 每周拉伸 4 ～ 5 次。

8. 只要你愿意，可以一直停在这个阶段。

表 10.3　高级静态拉伸训练

部位	拉伸	页码
颈部	颈伸肌拉伸	176
	颈屈肌拉伸	180
肩、背和胸	高级肩屈肌拉伸	150
	坐姿肩屈肌、下降肌和后缩肌拉伸	154
	中级肩伸肌、内收肌和后缩肌拉伸	158
	肩内收肌、前伸肌和上提肌拉伸	160
手臂、手腕和手掌	肘屈肌拉伸	112
	肱三头肌拉伸	110
	中级腕伸肌拉伸	124
躯干下部	俯卧躯干下部屈肌拉伸	92
	高级站姿躯干下部侧屈肌拉伸	104
髋部	高级站姿髋外旋肌拉伸	68
	髋和背伸肌拉伸	62
	高级坐姿髋内收肌拉伸	76
膝和大腿	高级坐姿膝屈肌拉伸	44
	高级跪姿膝伸肌拉伸	54
足部和小腿	高级站姿趾伸肌拉伸	14
	高级站姿趾屈肌拉伸	18
	高级跖屈肌拉伸	22
	高级跖屈肌和足外翻肌拉伸	28

专家级水平

1. 保持拉伸姿势 30 ～ 40 秒。

2. 两次拉伸之间休息 30 ～ 40 秒。

3. 每个拉伸动作重复 5 次。

4. 使用 7 ～ 10 分的拉伸强度（重度疼痛），每周 2 ～ 3 次。

5. 每次训练总计拉伸 50 ～ 60 分钟。

6. 每周拉伸 4 ～ 5 次。

7. 只要你愿意，可以一直停在这个阶段。

表 10.4　专家级静态拉伸训练

部位	拉伸	页码
颈部	颈伸肌拉伸	176
	颈屈肌拉伸	180
肩、背和胸	辅助肩和肘屈肌拉伸	152
	辅助肩外展肌拉伸	164
手臂、手腕和手掌	肘和腕屈肌拉伸	114
	肱三头肌拉伸	110
	借助哑铃的前臂旋前肌拉伸	118
	中级腕伸肌拉伸	124
躯干下部	俯卧躯干下部屈肌拉伸	92
	高级站姿躯干下部侧屈肌拉伸	104
髋部	高级站姿髋外旋肌拉伸	68
	高级坐姿髋内收肌拉伸	76
膝和大腿	专家级抬腿膝屈肌拉伸	46
	借助支撑的高级站姿膝伸肌拉伸	56
足部和小腿	高级站姿趾伸肌拉伸	14
	高级跖屈肌拉伸	22
	高级跖屈肌和足外翻肌拉伸	28

针对特定人群日常灵活性和柔韧性问题的拉伸计划

以下计划中的大多数拉伸尽量以静态方式进行。对于这些拉伸运动，请遵循前文中针对特定柔韧性水平的一般建议。此外，一些动态拉伸可以作为锻炼前的热身运动。进行动态拉伸应遵循第 9 章中列出的一般指导原则和第 11 章中列出的能力指导原则。

基本原则

1. 每个拉伸姿势保持 30 ～ 40 秒。
2. 两次拉伸运动之间休息 15 秒。
3. 每个拉伸动作重复 4 次。
4. 使用 1 ～ 3 分的拉伸强度（轻度疼痛）。
5. 一只手臂先进行 4 次拉伸，然后另一只手臂重复同样的动作。
6. 为了获得比较好的训练效果，请做完表中列出的所有拉伸动作。
7. 无须按照给出的顺序进行。可以按照适合自己需求的顺序进行。

表 10.5　针对肩部紧张或冰冻肩人群的拉伸训练

部位	拉伸	页码
肩、背和胸	动态肩部环绕拉伸	206
	高级肩屈肌拉伸	150
	肩内收肌拉伸	166
	肩内旋肌拉伸	168
	肩外旋肌拉伸	170
	动态肩胛带外展和内收拉伸	204
	动态肩部屈伸拉伸	202

表 10.6　针对长期步行和站立人群的拉伸训练

部位	拉伸	页码
肩、背和胸	高级肩屈肌拉伸	150
	中级肩伸肌、内收肌和后缩肌拉伸	158
躯干下部	站姿躯干下部屈肌拉伸	94
	中级躯干下部侧屈肌拉伸	102
髋部	高级站姿髋外旋肌拉伸	68
	躺姿髋外旋肌和伸肌拉伸	70
	髋外旋肌和背伸肌拉伸	72
	髋和背伸肌拉伸	62
	高级坐姿髋内收肌拉伸	76
膝和大腿	高级坐姿膝屈肌拉伸	44
	高级跪姿膝伸肌拉伸	54
足部和小腿	高级站姿趾伸肌拉伸	14
	高级跖屈肌拉伸	22
	高级跖屈肌和足外翻肌拉伸	28
	高级跖屈肌和足内翻肌拉伸	34

表 10.7　针对久坐人群的拉伸训练

部位	拉伸	页码
颈部	颈伸肌拉伸	176
	颈屈肌拉伸	180
肩、背和胸	动态肩部环绕拉伸	206
	动态肩部屈伸拉伸	202
	动态肩胛带外展和内收拉伸	204
髋部	动态髋外旋肌和内旋肌拉伸	188
	动态髋屈肌和伸肌拉伸	192
	动态髋内收肌和外展肌拉伸	190
膝和大腿	动态站姿膝屈肌拉伸	194
躯干下部	动态躯干侧屈拉伸	198
	动态躯干回旋肌拉伸	200
足部和小腿	动态跖屈肌拉伸	196
	初级坐姿趾伸肌拉伸	12
	初级坐姿趾屈肌拉伸	16
	初级坐姿趾伸肌和足外翻肌拉伸	24
	初级坐姿趾伸肌和足内翻肌拉伸	30
	初级坐姿趾屈肌和足外翻肌拉伸	26
	初级坐姿趾屈肌和足内翻肌拉伸	32

表 10.8　针对需要逐步降低血糖人群的拉伸训练

部位	拉伸	页码
膝和大腿	初级坐姿膝屈肌拉伸	40
髋部	坐姿髋内收肌和伸肌拉伸	78
肩、背和胸	高级肩屈肌拉伸	150
膝和大腿	中级侧卧膝伸肌拉伸	52
髋部	中级坐姿髋外旋肌和伸肌拉伸	66
肩、背和胸	中级肩伸肌、内收肌和后缩肌拉伸	158
膝和大腿	高级坐姿膝屈肌拉伸	44
足部和小腿	初级跖屈肌拉伸	20
肩、背和胸	肩内收肌和伸肌拉伸	162

第 11 章
特定运动拉伸计划

对于你所选择的运动而言，保持或提高身体的柔韧性，可以让你更充分地享受这项运动，延长运动生涯，并减少运动损伤的潜在风险。在力量训练和其他体育活动后做拉伸运动有很多好处，如果你能长期坚持做拉伸，就能获得更多益处。按照拉伸计划来执行，可以帮助你有效解决肌肉失衡的问题，扩大你的活动范围，同时发展肌肉力量。

做本章所提供的拉伸动作需要具备中级水平的柔韧性。如果你的柔韧性处于初级水平，在开始特定运动的拉伸计划之前，请遵循第 10 章中为初级水平者提供的日常灵活性拉伸建议。

你可以参考这本书中提供的拉伸运动，自由组合拉伸动作，根据自身需求制订一个适合自己的训练计划。本书只提供了部分可操作的拉伸运动，你可以参考特定运动的拉伸步骤进行尝试。同时，本书也提供了一些变式，稍微改变拉伸姿势的角度和方向，你就能使不同的肌肉得到拉伸。因此，你可以根据个人的需要和期望来调整自己的拉伸计划。例如，如果你只有一块肌肉酸痛，或者只在拉伸某块肌肉时产生酸痛，你就可以调整自己的拉伸计划，针对这块特定的肌肉进行训练。如果一项拉伸运动提供的拉伸姿势并没有拉伸到你想要拉伸的肌肉，那么你可以尝试稍微改变一下姿势。根据第 10 章所述的疼痛等级，尝试不同的拉伸动作，直到达到你的目标状态。

如果你感到肌肉疲劳，只需对这些肌肉做一些轻微的拉伸，不要过度用力，身体会告诉你是否需要停止。记住，身体需要从日常锻炼中得到恢复，拉伸之后也需要恢复。恢复之后，身体机能会达到更高的水平。长期过度使用肌肉会导致肌肉疲劳、乏力，甚至会导致部分肌肉无法正常收缩。

运动前的动态拉伸

由于锻炼之前进行动态拉伸，锻炼效果更好，所以本章的表格（表 11.1 至表 11.25）包括了第 9 章中详述的动态拉伸训练，然后是静态拉伸训练。理想情况下，动态拉伸是在运动开始前作为热身活动的一部分。根据你最开始的柔韧性级别，建议你遵循本章介绍的有关动态拉伸训练的指南。

初级水平

1. 使用指定的左右摆动或上下摆动进行动态拉伸，每次拉伸 5 ～ 10 秒。

2. 两次拉伸之间休息 5 ～ 10 秒。

3. 每个拉伸动作重复 2 次。

4. 使用 1 ～ 3 分的拉伸强度（轻度疼痛）。

5. 每次动态拉伸练习总计 5 ～ 10 分钟。

6. 进行体育活动之前，使用这些动态拉伸作为热身活动。

7. 进入下个阶段之前，至少坚持 4 周。

中级水平

1. 使用指定的左右摆动或上下摆动进行动态拉伸，每次拉伸 10 ～ 15 秒。

2. 两次拉伸之间休息 10 ～ 15 秒。

3. 每个拉伸动作重复 3 次。

4. 使用 1 ～ 3 分的拉伸强度（轻度疼痛）。

5. 每次动态拉伸练习总计 10 ～ 15 分钟。

6. 进行体育活动之前，使用这些动态拉伸作为热身活动。

7. 进入下个阶段之前，至少坚持 4 周。

高级水平

1. 使用指定的左右摆动或上下摆动进行动态拉伸，每次拉伸 15 ～ 20 秒。

2. 两次拉伸之间休息 15 ～ 20 秒。

3. 每个拉伸动作重复 3 次。

4. 使用 4 ～ 6 分的拉伸强度（中度疼痛）。

5. 每次动态拉伸练习总计 15 ～ 20 分钟。

6. 进行体育活动之前，使用这些动态拉伸作为热身活动。

7. 只要你愿意，可以一直停在这个阶段。

特定运动拉伸

本章为特定运动的提高以及运动员柔韧性的保持，提供了运动前拉伸和训练后拉伸的建议。

表 11.1 针对棒球野手的拉伸训练

部位	拉伸	页码
	运动前拉伸	
肩、背和胸	动态肩部屈伸拉伸	202
	动态肩胛带外展和内收拉伸	204
躯干下部	动态躯干侧屈拉伸	198
	动态躯干回旋肌拉伸	200
髋部	动态髋外旋肌和内旋肌拉伸	188
	动态髋内收肌和外展肌拉伸	190
	动态髋屈肌和伸肌拉伸	192
膝和大腿	动态站姿膝屈肌拉伸	194
足部和小腿	动态跖屈肌拉伸	196
	拉伸训练	
肩、背和胸	中级肩屈肌拉伸	148
	中级肩伸肌、内收肌和后缩肌拉伸	158
	肩内收肌、前伸肌和上提肌拉伸	160
	肩内收肌和伸肌拉伸	162
手臂、手腕和手掌	肱三头肌拉伸	110
	中级腕伸肌拉伸	124
	中级腕屈肌拉伸	128
躯干下部	站姿躯干下部屈肌拉伸	94
	中级躯干下部侧屈肌拉伸	102
髋部	髋外旋肌和背伸肌拉伸	72
	髋和背伸肌拉伸	62
	高级坐姿髋内收肌拉伸	76
膝和大腿	高级坐姿膝屈肌拉伸	44
	高级跪姿膝伸肌拉伸	54
足部和小腿	高级跖屈肌和足外翻肌拉伸	28

表 11.2　针对棒球投手的拉伸训练

部位	拉伸	页码
运动前拉伸		
肩、背和胸	动态肩部屈伸拉伸	202
	动态肩胛带外展和内收拉伸	204
躯干下部	动态躯干侧屈拉伸	198
	动态躯干回旋肌拉伸	200
髋部	动态髋外旋肌和内旋肌拉伸	188
	动态髋内收肌和外展肌拉伸	190
	动态髋屈肌和伸肌拉伸	192
膝和大腿	动态站姿膝屈肌拉伸	194
足部和小腿	动态跖屈肌拉伸	196
拉伸训练		
肩、背和胸	中级肩屈肌拉伸	148
	肩内收肌、前伸肌和上提肌拉伸	160
	肩内收肌和伸肌拉伸	162
手臂、手腕和手掌	肘和腕屈肌拉伸	114
	肱三头肌拉伸	110
	中级腕伸肌拉伸	124
	中级腕屈肌拉伸	128
躯干下部	站姿躯干下部屈肌拉伸	94
	中级躯干下部侧屈肌拉伸	102
髋部	髋外旋肌和背伸肌拉伸	72
	髋和背伸肌拉伸	62
	高级坐姿髋内收肌拉伸	76
膝和大腿	高级坐姿膝屈肌拉伸	44
	高级跪姿膝伸肌拉伸	54
足部和小腿	高级跖屈肌拉伸	22

表 11.3　针对篮球的拉伸训练

部位	拉伸	页码
运动前拉伸		
肩、背和胸	动态肩部屈伸拉伸	202
	动态肩胛带外展和内收拉伸	204
躯干下部	动态躯干侧屈拉伸	198
	动态躯干回旋肌拉伸	200
髋部	动态髋外旋肌和内旋肌拉伸	188
	动态髋内收肌和外展肌拉伸	190
	动态髋屈肌和伸肌拉伸	192
膝和大腿	动态站姿膝屈肌拉伸	194
足部和小腿	动态跖屈肌拉伸	196
拉伸训练		
肩、背和胸	高级肩屈肌拉伸	150
	肩内收肌、前伸肌和上提肌拉伸	160
	肩内收肌和伸肌拉伸	162
手臂、手腕和手掌	肘和腕屈肌拉伸	114
	肱三头肌拉伸	110
躯干下部	站姿躯干下部屈肌拉伸	94
	坐姿躯干下部伸肌拉伸	96
	中级躯干下部侧屈肌拉伸	102
髋部	髋外旋肌和背伸肌拉伸	72
	髋和背伸肌拉伸	62
	高级坐姿髋内收肌拉伸	76
膝和大腿	高级坐姿膝屈肌拉伸	44
	高级跪姿膝伸肌拉伸	54
足部和小腿	高级站姿趾屈肌拉伸	18
	高级跖屈肌和足外翻肌拉伸	28

表 11.4　针对保龄球的拉伸训练

部位	拉伸	页码
运动前拉伸		
肩、背和胸	动态肩部屈伸拉伸	202
	动态肩胛带外展和内收拉伸	204
躯干下部	动态躯干侧屈拉伸	198
	动态躯干回旋肌拉伸	200
髋部	动态髋外旋肌和内旋肌拉伸	188
	动态髋内收肌和外展肌拉伸	190
	动态髋屈肌和伸肌拉伸	192
膝和大腿	动态站姿膝屈肌拉伸	194
足部和小腿	动态跖屈肌拉伸	196
拉伸训练		
肩、背和胸	高级肩屈肌拉伸	150
	中级肩伸肌、内收肌和后缩肌拉伸	158
	肩内收肌和伸肌拉伸	162
手臂、手腕和手掌	中级腕伸肌拉伸	124
	中级腕屈肌拉伸	128
	借助哑铃的腕外展肌拉伸	130
	借助哑铃的腕内收肌拉伸	132
躯干下部	站姿躯干下部屈肌拉伸	94
	中级躯干下部侧屈肌拉伸	102
髋部	高级站姿髋外旋肌拉伸	68
	髋和背伸肌拉伸	62
	高级坐姿髋内收肌拉伸	76
膝和大腿	高级坐姿膝屈肌拉伸	44
	高级跪姿膝伸肌拉伸	54
足部和小腿	高级跖屈肌拉伸	22

表 11.5　针对骑行的拉伸训练

部位	拉伸	页码
运动前拉伸		
肩、背和胸	动态肩部屈伸拉伸	202
	动态肩胛带外展和内收拉伸	204
躯干下部	动态躯干侧屈拉伸	198
	动态躯干回旋肌拉伸	200
髋部	动态髋外旋肌和内旋肌拉伸	188
	动态髋内收肌和外展肌拉伸	190
	动态髋屈肌和伸肌拉伸	192
膝和大腿	动态站姿膝屈肌拉伸	194
足部和小腿	动态跖屈肌拉伸	196
拉伸训练		
颈部	颈伸肌拉伸	176
	颈屈肌拉伸	180
肩、背和胸	中级肩伸肌、内收肌和后缩肌拉伸	158
	肩内收肌、前伸肌和上提肌拉伸	160
躯干下部	站姿躯干下部屈肌拉伸	94
	坐姿躯干下部屈肌拉伸	96
	中级躯干下部侧屈肌拉伸	102
髋部	高级站姿髋外旋肌拉伸	68
	髋外旋肌和背伸肌拉伸	72
	髋和背伸肌拉伸	62
	高级坐姿髋内收肌拉伸	76
膝和大腿	高级坐姿膝屈肌拉伸	44
	高级跪姿膝伸肌拉伸	54
足部和小腿	高级站姿趾伸肌拉伸	14
	高级跖屈肌拉伸	22

表 11.6 针对舞蹈的拉伸训练

部位	拉伸	页码
运动前拉伸		
肩、背和胸	动态肩部屈伸拉伸	202
	动态肩胛带外展和内收拉伸	204
躯干下部	动态躯干侧屈拉伸	198
	动态躯干回旋肌拉伸	200
髋部	动态髋外旋肌和内旋肌拉伸	188
	动态髋内收肌和外展肌拉伸	190
	动态髋屈肌和伸肌拉伸	192
膝和大腿	动态站姿膝屈肌拉伸	194
足部和小腿	动态跖屈肌拉伸	196
拉伸训练		
颈部	颈伸肌拉伸	176
	颈屈肌拉伸	180
肩、背和胸	高级肩屈肌拉伸	150
	肩内收肌和伸肌拉伸	162
手臂、手腕和手掌	肱三头肌拉伸	110
躯干下部	站姿躯干下部屈肌拉伸	94
	中级躯干下部侧屈肌拉伸	102
髋部	高级站姿髋外旋肌拉伸	68
	髋和背伸肌拉伸	62
	高级坐姿髋内收肌拉伸	76
膝和大腿	高级坐姿膝屈肌拉伸	44
	高级跪姿膝伸肌拉伸	54
足部和小腿	高级站姿趾伸肌拉伸	14
	高级站姿趾屈肌拉伸	18
	高级跖屈肌拉伸	22

表 11.7　针对跳水的拉伸训练

部位	拉伸	页码
运动前拉伸		
肩、背和胸	动态肩部屈伸拉伸	202
	动态肩胛带外展和内收拉伸	204
躯干下部	动态躯干侧屈拉伸	198
	动态躯干回旋肌拉伸	200
髋部	动态髋外旋肌和内旋肌拉伸	188
	动态髋内收肌和外展肌拉伸	190
	动态髋屈肌和伸肌拉伸	192
膝和大腿	动态站姿膝屈肌拉伸	194
足部和小腿	动态跖屈肌拉伸	196
拉伸训练		
肩、背和胸	高级肩屈肌拉伸	150
	肩内收肌和伸肌拉伸	162
	辅助肩外展肌拉伸	164
手臂、手腕和手掌	肱三头肌拉伸	110
躯干下部	站姿躯干下部屈肌拉伸	94
	坐姿躯干下部伸肌拉伸	96
	中级躯干下部侧屈肌拉伸	102
髋部	高级站姿髋外旋肌拉伸	68
	髋和背伸肌拉伸	62
	高级坐姿髋内收肌拉伸	76
膝和大腿	高级坐姿膝屈肌拉伸	44
	高级跪姿膝伸肌拉伸	54
足部和小腿	高级站姿趾伸肌拉伸	14
	高级站姿趾屈肌拉伸	18
	高级跖屈肌拉伸	22

表11.8 针对美式橄榄球的拉伸训练

部位	拉伸	页码
	运动前拉伸	
肩、背和胸	动态肩部屈伸拉伸	202
	动态肩胛带外展和内收拉伸	204
躯干下部	动态躯干侧屈拉伸	198
	动态躯干回旋肌拉伸	200
髋部	动态髋外旋肌和内旋肌拉伸	188
	动态髋内收肌和外展肌拉伸	190
	动态髋屈肌和伸肌拉伸	192
膝和大腿	动态站姿膝屈肌拉伸	194
足部和小腿	动态跖屈肌拉伸	196
	拉伸训练	
颈部	颈伸肌拉伸	176
	颈屈肌拉伸	180
肩、背和胸	高级肩屈肌拉伸	150
	肩内收肌和伸肌拉伸	162
手臂、手腕和手掌	中级腕伸肌拉伸	124
	中级腕屈肌拉伸	128
躯干下部	站姿躯干下部屈肌拉伸	94
	中级躯干下部侧屈肌拉伸	102
髋部	高级站姿髋外旋肌拉伸	68
	髋和背伸肌拉伸	62
	高级坐姿髋内收肌拉伸	76
膝和大腿	高级坐姿膝屈肌拉伸	44
	高级跪姿膝伸肌拉伸	54
足部和小腿	高级站姿趾屈肌拉伸	18
	高级跖屈肌和足内翻肌拉伸	34

表11.9 针对高尔夫球的拉伸训练

部位	拉伸	页码
运动前拉伸		
肩、背和胸	动态肩部屈伸拉伸	202
	动态肩胛带外展和内收拉伸	204
躯干下部	动态躯干侧屈拉伸	198
	动态躯干回旋肌拉伸	200
髋部	动态髋外旋肌和内旋肌拉伸	188
	动态髋内收肌和外展肌拉伸	190
	动态髋屈肌和伸肌拉伸	192
膝和大腿	动态站姿膝屈肌拉伸	194
足部和小腿	动态跖屈肌拉伸	196
拉伸训练		
肩、背和胸	高级肩屈肌拉伸	150
	中级肩伸肌、内收肌和后缩肌拉伸	158
	肩内收肌、前伸肌和上提肌拉伸	160
	肩内收肌和伸肌拉伸	162
	辅助肩外展肌拉伸	164
手臂、手腕和手掌	中级腕伸肌拉伸	124
	中级腕屈肌拉伸	128
躯干下部	站姿躯干下部屈肌拉伸	94
	中级躯干下部侧屈肌拉伸	102
髋部	髋外旋肌和背伸肌拉伸	72
	高级坐姿髋内收肌拉伸	76
膝和大腿	高级坐姿膝屈肌拉伸	44
	高级跪姿膝伸肌拉伸	54
足部和小腿	高级站姿趾屈肌拉伸	18
	高级跖屈肌拉伸	22

表 11.10　针对体操的拉伸训练

部位	拉伸	页码
运动前拉伸		
肩、背和胸	动态肩部屈伸拉伸	202
	动态肩胛带外展和内收拉伸	204
躯干下部	动态躯干侧屈拉伸	198
	动态躯干回旋肌拉伸	200
髋部	动态髋外旋肌和内旋肌拉伸	188
	动态髋内收肌和外展肌拉伸	190
	动态髋屈肌和伸肌拉伸	192
膝和大腿	动态站姿膝屈肌拉伸	194
足部和小腿	动态跖屈肌拉伸	196
拉伸训练		
颈部	颈伸肌拉伸	176
肩、背和胸	高级肩屈肌拉伸	150
	中级肩伸肌、内收肌和后缩肌拉伸	158
	肩内收肌、前伸肌和上提肌拉伸	160
	肩内收肌和伸肌拉伸	162
手臂、手腕和手掌	肘屈肌拉伸	112
	肱三头肌拉伸	110
躯干下部	站姿躯干下部屈肌拉伸	94
	中级躯干下部侧屈肌拉伸	102
髋部	髋和背伸肌拉伸	62
	高级坐姿髋内收肌拉伸	76
膝和大腿	高级坐姿膝屈肌拉伸	44
	高级跪姿膝伸肌拉伸	54
足部和小腿	高级站姿趾屈肌拉伸	18
	高级跖屈肌拉伸	22

表 11.11　针对手球和壁球的拉伸训练

部位	拉伸	页码
运动前拉伸		
肩、背和胸	动态肩部屈伸拉伸	202
	动态肩胛带外展和内收拉伸	204
躯干下部	动态躯干侧屈拉伸	198
	动态躯干回旋肌拉伸	200
髋部	动态髋外旋肌和内旋肌拉伸	188
	动态髋内收肌和外展肌拉伸	190
	动态髋屈肌和伸肌拉伸	192
膝和大腿	动态站姿膝屈肌拉伸	194
足部和小腿	动态跖屈肌拉伸	196
拉伸训练		
肩、背和胸	高级肩屈肌拉伸	150
	中级肩伸肌、内收肌和后缩肌拉伸	158
	肩内收肌、前伸肌和上提肌拉伸	160
手臂、手腕和手掌	肘屈肌拉伸	112
	肱三头肌拉伸	110
躯干下部	站姿躯干下部屈肌拉伸	94
	中级躯干下部侧屈肌拉伸	102
髋部	髋外旋肌和背伸肌拉伸	72
	髋和背伸肌拉伸	62
	高级坐姿髋内收肌拉伸	76
膝和大腿	高级坐姿膝屈肌拉伸	44
	高级跪姿膝伸肌拉伸	54
足部和小腿	高级站姿趾伸肌拉伸	14
	高级站姿趾屈肌拉伸	18
	高级跖屈肌拉伸	22

表 11.12　针对冰球和草地曲棍球的拉伸训练

部位	拉伸	页码
运动前拉伸		
肩、背和胸	动态肩部屈伸拉伸	202
	动态肩胛带外展和内收拉伸	204
躯干下部	动态躯干侧屈拉伸	198
	动态躯干回旋肌拉伸	200
髋部	动态髋外旋肌和内旋肌拉伸	188
	动态髋内收肌和外展肌拉伸	190
	动态髋屈肌和伸肌拉伸	192
膝和大腿	动态站姿膝屈肌拉伸	194
足部和小腿	动态跖屈肌拉伸	196
拉伸训练		
肩、背和胸	高级肩屈肌拉伸	150
	中级肩伸肌、内收肌和后缩肌拉伸	158
	肩内收肌、前伸肌和上提肌拉伸	160
	辅助肩外展肌拉伸	164
手臂、手腕和手掌	肘屈肌拉伸	112
	肱三头肌拉伸	110
躯干下部	站姿躯干下部屈肌拉伸	94
	中级躯干下部侧屈肌拉伸	102
髋部	髋外旋肌和背伸肌拉伸	72
	髋和背伸肌拉伸	62
	高级坐姿髋内收肌拉伸	76
膝和大腿	高级坐姿膝屈肌拉伸	44
	高级跪姿膝伸肌拉伸	54
足部和小腿	高级站姿趾伸肌拉伸	14
	高级跖屈肌拉伸	22

表 11.13　针对长曲棍球的拉伸训练

部位	拉伸	页码
运动前拉伸		
肩、背和胸	动态肩部屈伸拉伸	202
	动态肩胛带外展和内收拉伸	204
躯干下部	动态躯干侧屈拉伸	198
	动态躯干回旋肌拉伸	200
髋部	动态髋外旋肌和内旋肌拉伸	188
	动态髋内收肌和外展肌拉伸	190
	动态髋屈肌和伸肌拉伸	192
膝和大腿	动态站姿膝屈肌拉伸	194
足部和小腿	动态跖屈肌拉伸	196
拉伸训练		
肩、背和胸	高级肩屈肌拉伸	150
	中级肩伸肌、内收肌和后缩肌拉伸	158
	肩内收肌、前伸肌和上提肌拉伸	160
	肩内收肌和伸肌拉伸	162
	辅助肩外展肌拉伸	164
手臂、手腕和手掌	肘和腕屈肌拉伸	114
	肱三头肌拉伸	110
	中级腕伸肌拉伸	124
	中级腕屈肌拉伸	128
躯干下部	站姿躯干下部屈肌拉伸	94
	中级躯干下部侧屈肌拉伸	102
髋部	髋外旋肌和背伸肌拉伸	72
	髋和背伸肌拉伸	62
	高级坐姿髋内收肌拉伸	76
膝和大腿	高级坐姿膝屈肌拉伸	44
	高级跪姿膝伸肌拉伸	54
足部和小腿	高级跖屈肌拉伸	22
	高级跖屈肌和足外翻肌拉伸	28

表 11.14　针对皮划艇和赛艇的拉伸训练

部位	拉伸	页码
运动前拉伸		
肩、背和胸	动态肩部屈伸拉伸	202
	动态肩胛带外展和内收拉伸	204
	动态肩部环绕拉伸	206
躯干下部	动态躯干侧屈拉伸	198
	动态躯干回旋肌拉伸	200
髋部	动态髋外旋肌和内旋肌拉伸	188
	动态髋内收肌和外展肌拉伸	190
	动态髋屈肌和伸肌拉伸	192
膝和大腿	动态站姿膝屈肌拉伸	194
足部和小腿	动态跖屈肌拉伸	196
拉伸训练		
颈部	颈伸肌和旋转拉伸	178
	颈屈肌拉伸	180
肩、背和胸	高级肩屈肌拉伸	150
	中级肩伸肌、内收肌和后缩肌拉伸	158
	肩内收肌和伸肌拉伸	162
	辅助肩外展肌拉伸	164
手臂、手腕和手掌	肘和腕屈肌拉伸	114
	肱三头肌拉伸	110
	中级腕屈肌拉伸	128
	借助哑铃的前臂旋后肌拉伸	120
	借助哑铃的前臂旋前肌拉伸	118
躯干下部	站姿躯干下部屈肌拉伸	94
	中级躯干下部侧屈肌拉伸	102
	高级站姿躯干下部侧屈肌拉伸	104
	坐姿躯干下部伸肌拉伸	96
髋部	高级站姿髋外旋肌拉伸	68
	髋和背伸肌拉伸	62
	高级坐姿髋内收肌拉伸	76
	高级髋屈肌拉伸	88
膝和大腿	高级坐姿膝屈肌拉伸	44
	高级跪姿膝伸肌拉伸	54
足部和小腿	高级站姿趾屈肌拉伸	18
	初级坐姿趾伸肌拉伸	12
	初级坐姿趾屈肌拉伸	16

表 11.15　针对力量运动的拉伸训练（例如，CrossFit）

部位	拉伸	页码
运动前拉伸		
肩、背和胸	动态肩部屈伸拉伸	202
	动态肩胛带外展和内收拉伸	204
躯干下部	动态躯干侧屈拉伸	198
	动态躯干回旋肌拉伸	200
髋部	动态髋外旋肌和内旋肌拉伸	188
	动态髋内收肌和外展肌拉伸	190
	动态髋屈肌和伸肌拉伸	192
膝和大腿	动态站姿膝屈肌拉伸	194
足部和小腿	动态跖屈肌拉伸	196
拉伸训练		
颈部	颈伸肌拉伸	176
	颈屈肌拉伸	180
肩、背和胸	高级肩屈肌拉伸	150
	坐姿肩屈肌、下降肌和后缩肌拉伸	154
	中级肩伸肌、内收肌和后缩肌拉伸	158
	肩内收肌和伸肌拉伸	162
手臂、手腕和手掌	肘和腕屈肌拉伸	114
	肱三头肌拉伸	110
躯干下部	站姿躯干下部屈肌拉伸	94
	高级站姿躯干下部侧屈肌拉伸	104
髋部	中级坐姿髋外旋肌和伸肌拉伸	66
	高级坐姿髋内收肌拉伸	76
	高级髋屈肌拉伸	88
膝和大腿	专家级抬腿膝屈肌拉伸	46
	中级侧卧膝伸肌拉伸	52
足部和小腿	初级坐姿趾伸肌拉伸	12
	初级坐姿趾屈肌拉伸	16
	高级跖屈肌拉伸	22

表 11.16　针对跑步的拉伸训练

部位	拉伸	页码
运动前拉伸		
肩、背和胸	动态肩部屈伸拉伸	202
	动态肩胛带外展和内收拉伸	204
躯干下部	动态躯干侧屈拉伸	198
	动态躯干回旋肌拉伸	200
髋部	动态髋外旋肌和内旋肌拉伸	188
	动态髋内收肌和外展肌拉伸	190
	动态髋屈肌和伸肌拉伸	192
膝和大腿	动态站姿膝屈肌拉伸	194
足部和小腿	动态跖屈肌拉伸	196
拉伸训练		
肩、背和胸	高级肩屈肌拉伸	150
	中级肩伸肌、内收肌和后缩肌拉伸	158
躯干下部	站姿躯干下部屈肌拉伸	94
	中级躯干下部侧屈肌拉伸	102
髋部	高级站姿髋外旋肌拉伸	68
	躺姿髋外旋肌和伸肌拉伸	70
	髋外旋肌和背伸肌拉伸	72
	髋和背伸肌拉伸	62
	高级坐姿髋内收肌拉伸	76
膝和大腿	高级坐姿膝屈肌拉伸	44
	高级跪姿膝伸肌拉伸	54
足部和小腿	高级站姿趾伸肌拉伸	14
	高级跖屈肌拉伸	22
	高级跖屈肌和足外翻肌拉伸	28
	高级跖屈肌和足内翻肌拉伸	34

表 11.17　针对滑雪的拉伸训练

部位	拉伸	页码
运动前拉伸		
肩、背和胸	动态肩部屈伸拉伸	202
	动态肩胛带外展和内收拉伸	204
躯干下部	动态躯干侧屈拉伸	198
	动态躯干回旋肌拉伸	200
髋部	动态髋外旋肌和内旋肌拉伸	188
	动态髋内收肌和外展肌拉伸	190
	动态髋屈肌和伸肌拉伸	192
膝和大腿	动态站姿膝屈肌拉伸	194
足部和小腿	动态跖屈肌拉伸	196
拉伸训练		
颈部	颈伸肌拉伸	176
肩、背和胸	高级肩屈肌拉伸	150
	坐姿肩屈肌、下降肌和后缩肌拉伸	154
	肩内收肌和伸肌拉伸	162
手臂、手腕和手掌	中级腕伸肌拉伸	124
	中级腕屈肌拉伸	128
躯干下部	站姿躯干下部屈肌拉伸	94
	中级躯干下部侧屈肌拉伸	102
髋部	高级站姿髋外旋肌拉伸	68
	髋外旋肌和背伸肌拉伸	72
	高级坐姿髋内收肌拉伸	76
膝和大腿	高级坐姿膝屈肌拉伸	44
	高级跪姿膝伸肌拉伸	54
足部和小腿	高级跖屈肌拉伸	22
	高级跖屈肌和足内翻肌拉伸	34

表11.18　针对足球的拉伸训练

部位	拉伸	页码
	运动前拉伸	
肩、背和胸	动态肩部屈伸拉伸	202
	动态肩胛带外展和内收拉伸	204
躯干下部	动态躯干侧屈拉伸	198
	动态躯干回旋肌拉伸	200
髋部	动态髋外旋肌和内旋肌拉伸	188
	动态髋内收肌和外展肌拉伸	190
	动态髋屈肌和伸肌拉伸	192
膝和大腿	动态站姿膝屈肌拉伸	194
足部和小腿	动态跖屈肌拉伸	196
	拉伸训练	
肩、背和胸	高级肩屈肌拉伸	150
	坐姿肩屈肌、下降肌和后缩肌拉伸	154
	肩内收肌和伸肌拉伸	162
躯干下部	站姿躯干下部屈肌拉伸	94
	中级躯干下部侧屈肌拉伸	102
髋部	高级站姿髋外旋肌拉伸	68
	髋外旋肌和背伸肌拉伸	72
	高级坐姿髋内收肌拉伸	76
	坐姿髋内收肌和伸肌拉伸	78
膝和大腿	高级坐姿膝屈肌拉伸	44
	高级跪姿膝伸肌拉伸	54
足部和小腿	高级站姿趾伸肌拉伸	14
	高级站姿趾屈肌拉伸	18
	高级跖屈肌和足外翻肌拉伸	28
	高级跖屈肌和足内翻肌拉伸	34

表 11.19　针对游泳的拉伸训练

部位	拉伸	页码
运动前拉伸		
肩、背和胸	动态肩部屈伸拉伸	202
	动态肩胛带外展和内收拉伸	204
躯干下部	动态躯干侧屈拉伸	198
	动态躯干回旋肌拉伸	200
髋部	动态髋外旋肌和内旋肌拉伸	188
	动态髋内收肌和外展肌拉伸	190
	动态髋屈肌和伸肌拉伸	192
膝和大腿	动态站姿膝屈肌拉伸	194
足部和小腿	动态跖屈肌拉伸	196
拉伸训练		
肩、背和胸	高级肩屈肌拉伸	150
	辅助肩和肘屈肌拉伸	152
	坐姿肩屈肌、下降肌和后缩肌拉伸	154
	中级肩伸肌、内收肌和后缩肌拉伸	158
	肩内收肌、前伸肌和上提肌拉伸	160
	肩内收肌和伸肌拉伸	162
手臂、手腕和手掌	肱三头肌拉伸	110
躯干下部	站姿躯干下部屈肌拉伸	94
	中级躯干下部侧屈肌拉伸	102
髋部	髋外旋肌和背伸肌拉伸	72
	坐姿髋内收肌和伸肌拉伸	78
膝和大腿	高级坐姿膝屈肌拉伸	44
	高级跪姿膝伸肌拉伸	54
足部和小腿	高级站姿趾伸肌拉伸	14
	高级跖屈肌拉伸	22

表 11.20　针对网球的拉伸训练

部位	拉伸	页码
运动前拉伸		
肩、背和胸	动态肩部屈伸拉伸	202
	动态肩胛带外展和内收拉伸	204
躯干下部	动态躯干侧屈拉伸	198
	动态躯干回旋肌拉伸	200
髋部	动态髋外旋肌和内旋肌拉伸	188
	动态髋内收肌和外展肌拉伸	190
	动态髋屈肌和伸肌拉伸	192
膝和大腿	动态站姿膝屈肌拉伸	194
足部和小腿	动态跖屈肌拉伸	196
拉伸训练		
肩、背和胸	高级肩屈肌拉伸	150
	中级肩伸肌、内收肌和后缩肌拉伸	158
	肩内收肌、前伸肌和上提肌拉伸	160
手臂、手腕和手掌	肘屈肌拉伸	112
	肱三头肌拉伸	110
	中级腕伸肌拉伸	124
躯干下部	中级躯干下部侧屈肌拉伸	102
髋部	髋外旋肌和背伸肌拉伸	72
	髋和背伸肌拉伸	62
	高级坐姿髋内收肌拉伸	76
膝和大腿	高级坐姿膝屈肌拉伸	44
	高级跪姿膝伸肌拉伸	54
足部和小腿	高级站姿趾伸肌拉伸	14
	高级站姿趾屈肌拉伸	18
	高级跖屈肌拉伸	22

表 11.21　针对田径中短跑和跨栏的拉伸训练

部位	拉伸	页码
运动前拉伸		
躯干下部	动态躯干侧屈拉伸	198
	动态躯干回旋肌拉伸	200
髋部	动态髋外旋肌和内旋肌拉伸	188
	动态髋内收肌和外展肌拉伸	190
	动态髋屈肌和伸肌拉伸	192
膝和大腿	动态站姿膝屈肌拉伸	194
足部和小腿	动态跖屈肌拉伸	196
拉伸训练		
躯干下部	站姿躯干下部屈肌拉伸	94
	坐姿躯干下部伸肌拉伸	96
	中级躯干下部侧屈肌拉伸	102
髋部	高级站姿髋外旋肌拉伸	68
	髋外旋肌和背伸肌拉伸	72
	高级坐姿髋内收肌拉伸	76
	坐姿髋内收肌和伸肌拉伸	78
膝和大腿	高级坐姿膝屈肌拉伸	44
	专家级抬腿膝屈肌拉伸	46
	高级跪姿膝伸肌拉伸	54
	借助支撑的高级站姿膝伸肌拉伸	56
足部和小腿	高级站姿趾伸肌拉伸	14
	高级站姿趾屈肌拉伸	18
	高级跖屈肌拉伸	22
	高级跖屈肌和足外翻肌拉伸	28

表 11.22　针对田径中投掷的拉伸训练

部位	拉伸	页码
运动前拉伸		
肩、背和胸	动态肩部屈伸拉伸	202
	动态肩胛带外展和内收拉伸	204
躯干下部	动态躯干侧屈拉伸	198
	动态躯干回旋肌拉伸	200
髋部	动态髋外旋肌和内旋肌拉伸	188
	动态髋内收肌和外展肌拉伸	190
	动态髋屈肌和伸肌拉伸	192
膝和大腿	动态站姿膝屈肌拉伸	194
足部和小腿	动态跖屈肌拉伸	196
拉伸训练		
肩、背和胸	高级肩屈肌拉伸	150
	坐姿肩屈肌、下降肌和后缩肌拉伸	154
	中级肩伸肌、内收肌和后缩肌拉伸	158
	肩内收肌和伸肌拉伸	162
手臂、手腕和手掌	肘和腕屈肌拉伸	114
	肱三头肌拉伸	110
躯干下部	站姿躯干下部屈肌拉伸	94
	中级躯干下部侧屈肌拉伸	102
髋部	高级站姿髋外旋肌拉伸	68
	髋外旋肌和背伸肌拉伸	72
	高级坐姿髋内收肌拉伸	76
膝和大腿	高级坐姿膝屈肌拉伸	44
	高级跪姿膝伸肌拉伸	54
足部和小腿	高级站姿趾伸肌拉伸	14
	高级跖屈肌拉伸	22

表 11.23　针对排球的拉伸训练

部位	拉伸	页码
运动前拉伸		
肩、背和胸	动态肩部屈伸拉伸	202
	动态肩胛带外展和内收拉伸	204
躯干下部	动态躯干侧屈拉伸	198
	动态躯干回旋肌拉伸	200
髋部	动态髋外旋肌和内旋肌拉伸	188
	动态髋内收肌和外展肌拉伸	190
	动态髋屈肌和伸肌拉伸	192
膝和大腿	动态站姿膝屈肌拉伸	194
足部和小腿	动态跖屈肌拉伸	196
拉伸训练		
肩、背和胸	高级肩屈肌拉伸	150
	中级肩伸肌、内收肌和后缩肌拉伸	158
	肩内收肌和伸肌拉伸	162
手臂、手腕和手掌	肘和腕屈肌拉伸	114
	肱三头肌拉伸	110
	中级腕屈肌拉伸	128
躯干下部	站姿躯干下部屈肌拉伸	94
	中级躯干下部侧屈肌拉伸	102
髋部	高级站姿髋外旋肌拉伸	68
	髋外旋肌和背伸肌拉伸	72
	高级坐姿髋内收肌拉伸	76
膝和大腿	高级坐姿膝屈肌拉伸	44
	高级跪姿膝伸肌拉伸	54
足部和小腿	高级站姿趾伸肌拉伸	14
	高级跖屈肌拉伸	22

表 11.24　针对举重的拉伸计划

部位	拉伸	页码
	运动前拉伸	
肩、背和胸	动态肩部屈伸拉伸	202
	动态肩胛带外展和内收拉伸	204
躯干下部	动态躯干侧屈拉伸	198
	动态躯干回旋肌拉伸	200
髋部	动态髋外旋肌和内旋肌拉伸	188
	动态髋内收肌和外展肌拉伸	190
	动态髋屈肌和伸肌拉伸	192
膝和大腿	动态站姿膝屈肌拉伸	194
足部和小腿	动态跖屈肌拉伸	196
	拉伸训练	
颈部	颈伸肌拉伸	176
肩、背和胸	高级肩屈肌拉伸	150
	中级肩伸肌、内收肌和后缩肌拉伸	158
	肩内收肌和伸肌拉伸	162
手臂、手腕和手掌	肘和腕屈肌拉伸	114
	肱三头肌拉伸	110
	中级腕屈肌拉伸	128
躯干下部	站姿躯干下部屈肌拉伸	94
	中级躯干下部侧屈肌拉伸	102
髋部	高级站姿髋外旋肌拉伸	68
	髋和背伸肌拉伸	62
	高级坐姿髋内收肌拉伸	76
膝和大腿	高级坐姿膝屈肌拉伸	44
	高级跪姿膝伸肌拉伸	54
足部和小腿	高级站姿趾屈肌拉伸	18

表 11.25　针对摔跤的拉伸训练

部位	拉伸	页码
运动前拉伸		
肩、背和胸	动态肩部屈伸拉伸	202
	动态肩胛带外展和内收拉伸	204
躯干下部	动态躯干侧屈拉伸	198
	动态躯干回旋肌拉伸	200
髋部	动态髋外旋肌和内旋肌拉伸	188
	动态髋内收肌和外展肌拉伸	190
	动态髋屈肌和伸肌拉伸	192
膝和大腿	动态站姿膝屈肌拉伸	194
足部和小腿	动态跖屈肌拉伸	196
拉伸训练		
颈部	颈伸肌拉伸	176
	颈屈肌拉伸	180
肩、背和胸	高级肩屈肌拉伸	150
	肩内收肌和伸肌拉伸	162
手臂、手腕和手掌	肘和腕屈肌拉伸	114
	肱三头肌拉伸	110
躯干下部	站姿躯干下部屈肌拉伸	94
	中级躯干下部侧屈肌拉伸	102
髋部	高级站姿髋外旋肌拉伸	68
	髋和背伸肌拉伸	62
	高级坐姿髋内收肌拉伸	76
膝和大腿	高级坐姿膝屈肌拉伸	44
	高级跪姿膝伸肌拉伸	54
足部和小腿	高级站姿趾伸肌拉伸	14
	高级站姿趾屈肌拉伸	18

拉伸索引

第4章 髋部

第5章 躯干下部

第6章 手臂、手腕和手掌

第7章　肩、背和胸

阿诺德·G. 纳尔逊（Arnold G. Nelson），博士，美国路易斯安那州立大学运动人体科学学院教授。作为柔韧性研究领域的领军人物，他被认为是研究拉伸对肌肉性能影响的权威专家之一。纳尔逊是美国运动医学会的会员，拥有美国得克萨斯大学奥斯汀分校肌肉生理学博士学位。他居住在路易斯安那州巴吞鲁日市。

约科·科科宁（Jouko Kokkonen），博士，美国夏威夷杨百翰大学运动科学退休教授。30 多年来，他教授解剖学、运动人体科学、运动生理学和运动训练，并担任田径教练。科科宁的研究专注于拉伸的短期和长期影响。他拥有杨百翰大学运动生理学博士学位，现在与妻子露丝安妮（Ruthanne）居住在芬兰和美国。

译者简介

杨斌，卡玛效能运动科技创始人，卡玛效能"有氧训练专家"认证标准制定者，卡玛效能精准系列认证课程 ["精准评估（Precision Assessment®）""精准训练（Precision Training®）""精准减脂（Precision Weight Loss®）""精准力量（Precision Strength®）""精准伸展（Precision Stretching®）""精准营养（Precision Nutrition®）""精准康复（Precision Rehabilitation®）"]创始人；精准减脂管理软件创始人；曾任美国运动医学会（ACSM）、美国国家体能协会（NSCA）及国际体育科学协会（ISSA）中国区讲师，国家体育总局体育行业职业技能鉴定专家指导委员会专家，中央电视台体育频道特邀运动健康专家，北京特警总队体能顾问，贵阳市公安局警训部体能顾问；2003 年全国健美锦标赛青年 75 公斤级冠军；著有《家庭健身训练图解》，译有《精准拉伸：疼痛消除和损伤预防的针对性练习》《整体拉伸：3步提升全身柔韧性、灵活性和力量（全彩图解第 2 版）》《高强度训练的艺术》《热身运动：优化运动表现与延长运动生涯的热身训练系统》《泡沫轴完全使用指南：提升表现与预防损伤的针对性练习》《拉伸致胜：基于柔韧性评估和运动表现提升的筋膜拉伸系统》《周期力量训练（第 3 版）》等。